ESSAI

SUR

L'INDIFFÉRENCE

EN MATIÈRE POLITIQUE

PAR

M. Armand GRANEL

Avocat.

TOULOUSE

IMPRIMERIE Louis & Jean-Matthieu DOULADOURE

Rue Saint-Rome, 39

1874

ESSAI

SUR

L'INDIFFÉRENCE

EN MATIÈRE POLITIQUE

PAR

M. Armand GRANEL

Avocat.

TOULOUSE

IMPRIMERIE Louis et Jean-Matthieu DOULADOURE

Rue Saint-Rome, 39

1874

A la mémoire de mon Père

INTRODUCTION

Je traite de l'indifférence, pour montrer qu'il n'est plus possible de rester indifférent ; pour prouver que l'indifférence arrive à son terme fatal et que ce dernier fruit de la Révolution est sur le point d'être dévoré par la Révolution.

Durant une période assez longue, comprise à peu près entre la première et la troisième République, l'indifférence a régné souverainement sur les âmes, à peine troublée par quelques efforts isolés et stériles. On l'a vue revêtir le caractère légal, la marque officielle, devenir, tour à tour, populaire, impériale et royale, au point qu'on aurait pu dire alors de l'indifférence ce qu'on a dit de l'opinion : *C'est la reine du monde* (1).

A part quelques sommets lumineux, quelques abîmes

(1) *Della opinione regina del mundo.* V. Pascal, Pensées, prem. part , art. vi , iii , d'après Bossut.

sombres, le reste était plongé dans un demi-jour sans mystère, où se cachait toute laideur, où se voilait toute beauté. Quand l'œil s'élevait plus haut, il ne rencontrait que des horizons brumeux et des lointains grisâtres.

Aujourd'hui, la lumière et les ténèbres recommencent à se disputer l'espace. Les profondeurs sont plus obscures, les cimes plus éclairées. De soudaines clartés laissent voir des splendeurs magnifiques et d'épouvantables horreurs.

L'homme, inquiet et troublé, sent qu'il faut choisir décidément entre des puissances hostiles, sous peine d'être broyé par leur choc imminent; il pressent une séparation d'éléments et comme un débrouillement de chaos.

Un grand orateur sacré (1), voulant apprécier un grand historien profane, s'écria dans un beau mouvement qui transportait au milieu des souvenirs païens toute la majesté des espérances chrétiennes : *Tacite est le jugement dernier de l'antiquité*. Je ne sais si la Providence nous réserve un grand historien pour écrire les sentences, mais il me semble que nous entrons dans une époque décisive où les temps modernes vont avoir aussi leur dernier jugement. Déjà, dans cet ordre d'idées, le langage humain s'est mis à l'unisson des paroles divines : Devant les hommes ainsi que devant Dieu, il n'y a plus désormais que la *droite* et la *gauche* (2).

(1) Le P. Lacordaire.

(2) *Et statuet oves quidem* a dextris *suis, hœdos autem* a sinistris (*Filius hominis*). St. Mat., chap. xxv, v. 33.

A propos de ces deux termes, que le parlementarisme a mis en évidence, il est utile d'ajouter, en note, une observation significative qui complétera l'idée principale émise dans le texte. En général, le mot *droit* se prend toujours en bonne part, le mot *gauche* en mauvaise part. Ainsi, sans sortir du point de vue religieux auquel je me suis placé, pour faire un rapprochement plein de lumière, je rappellerai que Dieu le Père dit à Jésus-Christ son Fils : *Asseyez-*

Quelles sont les causes qui ont produit ce résultat extrème ? Quelles sont les forces qui ont pu tendre, à ce degré, les ressorts de la situation ? On pourrait bien dire, d'une façon générale, que l'indifférence étant la dernière étape, le dernier terme de l'erreur, en allant au-delà, on revient se briser fatalement contre la vérité. Mais une analyse plus rigoureuse peut fournir une solution plus précise. L'indifférence est une disposition de l'âme qui contient, à l'état latent, l'amour et la haine, l'erreur et la vérité, disposition passive et négative dans laquelle toutes ces choses opposées et neutralisées restent en suspension. Sous l'influence du temps, sous l'action des agents extérieurs et supérieurs, il se fait, dans la masse indifférente, un travail profond, une réaction puissante qui en dégage avec éclat les éléments contraires.

Nous touchons visiblement à cet instant suprême. Les signes, en effet, vont s'accusant tous les jours davantage dans le sens d'une grande séparation et d'une grande lutte. Hélas ! pourquoi ne pas le reconnaître avec sincérité ? Les signes du mal sont les plus saisissants. Ce serait manquer totalement d'intelligence ou de bonne foi que de s'obstiner à contester des réalités menaçantes, à propager

---

vous à ma droite, *Sede a dextris meis* (Ps. cix, v. 1). Cette droite mystique, qui revient, à chaque instant, sur les lèvres de l'Eglise, a trouvé place dans son symbole : *Sedet ad dexteram Patris.* De même, dans nos usages humains, la place de *droite* est la place d'honneur. Disons encore que le membre droit est le membre actif, le membre principal ; de là l'expression figurée : *Etre le bras droit de quelqu'un.* En outre, *adroit,* composé de droit, veut dire habile, intelligent ; *gauche* signifie malhabile, incapable, ridicule. De plus, *droit* se prend encore dans le sens d'honnète, loyal : *une âme droite.* Enfin, — pour emprunter un exemple frappant à la reine des langues, — le latin emploie la même expression pour dire *gauche* et pour dire *sinistre* : *sinister, tra, trum.* Il y a quelque chose de sanglant dans cette homonymie.

des illusions dangereuses. Chercher à démontrer sérieusement le péril social serait aujourd'hui superflu et presque
ridicule. Autant vaudrait s'occuper gravement à prouver
l'incendie, lorsque l'on est déjà tout environné de vapeurs
et de flammes.

Et cependant, telle est, en général, l'insouciance publique, telle est, en particulier, la légèreté française, en
présence de ce vaste incendie moral déchaîné sur le
monde, qu'il faut bien recommencer, à chaque instant,
cette démonstration douloureuse.

Il est des heures solennelles où l'intelligence publique
est, en quelque sorte, éclairée par l'approche du péril ;
malheureusement elle reste éblouie ; ce rayonnement mystérieux que projettent toujours au-devant d'eux les grands
événements, mal réfléchi par l'intelligence, ne se projette
pas jusqu'à la volonté. On sent bien courir dans les masses un frisson d'épouvante ; mais ce frisson n'y réveille pas
un élan. La vue de l'abîme, loin de faire reculer les hommes arrivés sur ses bords, semble, au contraire, les immo-
biliser, presque les attirer. Ce n'est plus de l'indifférence,
c'est de la fascination.

Je voudrais rompre absolument ce charme redoutable,
de peur que les événements ne le rompent eux-mêmes.
Les peuples ne sont pas faits pour l'immobilité. Quand ils
ne veulent pas marcher droit dans le sens du progrès, —
j'entends du progrès véritable, — ils sont entraînés par
la Révolution, dans des sentiers obliques.

Une fois lancés sur la plus fatale des pentes, ils la suivent toujours, sans que nulle science humaine puisse régler
leur mouvement ni en marquer le terme. Courant ou plutôt
roulant *(revoluti)*, de profondeurs en profondeurs, vers un
gouffre inconnu, ils tentent vainement de s'accrocher, dans

leur chute, à de frêles rameaux, à des roches croûlantes. S'ils parviennent à se retenir un instant : *Marche, marche !* (1) leur crie tout à coup une voix bien connue, voix terrible et menaçante, devenue pour eux plus menaçante et plus terrible encore. Et voilà que la chute recommence plus vertigineuse et plus effrayante. *Marche, marche !* et les malheureux descendent toujours, au milieu des craquements et des écroulements, au milieu des imprécations et des supplications, au milieu du sang et des larmes. *Marche, marche !* et un dernier cri d'alarme annonce que tout est fini....... à moins que Dieu, touché de tant de malheur et d'un peu de repentir, n'incline lui-même, au-dessus de l'abîme, la branche de salut !

Nous n'aurons bientôt plus d'autre espoir que cet espoir suprême !

Je n'ai parlé, dans ces premières pages et ne parlerai guère en celles qui suivront, que des signes du mal qui sont, en même temps, des signes de malheur. Pour adoucir un peu ces tristes impressions, je voudrais offrir au lecteur, comme un baume et comme un cordial, une parole consolante, et je cherche partout des signes de bonheur. Eh bien, je l'affirme hautement, ils existent aussi, ces présages heureux ; ils s'accusent déjà avec une énergie et une intensité qui commencent à troubler, sous ses lauriers, un ennemi triomphant. Ces symptômes précurseurs d'une issue favorable, — que le lecteur impatient a déjà reconnus, — je les signale avec joie à la fin de cette introduction, afin qu'étant commencée par un cri de détresse et d'alarme, elle se termine heureusement par un cri d'espérance.

---

(1) V. Bossuet, abrégé d'un sermon prêché à Meaux, le jour de Pâques.

Et quels sont-ils enfin pour nous ces motifs d'espérer ?

Est-ce parce que la France est riche ? Parce qu'elle est *libérale* ? Parce qu'elle est joyeuse ?

Non, c'est parce qu'elle est malheureuse.

Le malheur est une grande école. Séduits ou corrompus par la prospérité, les peuples viennent y recevoir en tremblant ces *grandes et terribles leçons* dont parle Bossuet (1). Ils y découvrent péniblement, sur des pages sanglantes, la grande loi des chutes et des résurrections. A cette école sévère, la sagesse n'emprunte d'autre éloquence que celle de l'orage et ne revêt d'autre beauté que celles des ruines. Aussi, les enseignements qu'elle y donne, au lieu de s'imprimer légèrement à la surface des esprits, se gravent-ils profondément dans le secret des cœurs.

L'histoire est remplie de ces écroulements prodigieux et de ces réveils magnifiques qui proclament éloquemment la fécondité du malheur. Le peuple Juif n'allait-il pas se purifiant et se régénérant sans cesse sous le coup des rudes épreuves qu'il ne devait pas moins à la bonté qu'à la justice du vrai Dieu ? L'édifice colossal de la grandeur romaine, dont le sommet rayonnait de splendeur et de prospérité, ne cachait-il pas, en ses fondements, des sacrifices héroïques et d'immenses douleurs ? Lorsqu'Annibal eût touché cette terre italienne, qu'il devait bientôt saluer d'un adieu frémissant (2), ne vit-on pas le colosse ébranlé menacer un instant l'univers de sa chute, pour se relever ensuite plus puissant et plus affermi ? L'invasion gauloise ne fut-elle pas une effroyable et salutaire menace longtemps suspendue sur le vieux Capitole ?

(1) V. Bossuet, *Oraison funèbre de Henriette de France.*

(2) *Frendens gemensque ac vix lacrymis temperans.* V. Tite-Live, liv. xxx, chap. 19, 20,

Notre tempérament national ne semble-t-il pas avoir hérité de ces prédispositions étonnantes aux élévations et aux chutes, de cette merveilleuse capacité de gloire et de douleur ? Cette crainte salutaire qu'éprouvaient les consuls en tournant les yeux du côté de la Gaule, nos anciens rois ne l'ont-ils pas ressentie, à leur tour, en regardant tristement les provinces du Nord ? Crécy ! Poitiers ! Azincourt ! Pouvons-nous effacer de l'histoire ces déchirants souvenirs, étapes trop célèbres dans la *voie douloureuse* qui conduisit nos aïeux au faîte des grandeurs, en passant constamment à deux pas de l'abîme ? Mais, après ces lugubres tableaux, n'évoquerons-nous pas la gracieuse image de cette bergère sublime qui vint tout à coup, de sa main virginale, réparer nos désastres et accomplir des choses dont Alexandre et Scipion eussent été troublés ?.....

Ah ! c'est que le malheur offre aux peuples modernes des ressources nouvelles, ressources inépuisables dont les races antiques ne pouvaient profiter. La Douleur, qui fut de tout temps, une lumière et une force, la Douleur, agrandie par la Passion divine, ressemble à la Vertu. Aussi, quand la Charité s'approche d'elle, pour essuyer ses larmes, la voyant doucement lever les yeux au Ciel, elle la prend pour l'Espérance et l'appelle : *ma sœur* (1) !

C'est un fait historique qui a pris, au cours des siècles, les proportions d'une loi : Il n'est plus de décadences irrémédiables pour les nations chrétiennes et la nature humaine possède le secret des rajeunissements depuis que Dieu lui donna sa jeunesse éternelle !

Mais, dira-t-on, chez nous l'épreuve ne semble guère arrêter la décadence..... Hélas ! il n'est que trop vrai, le

_____

(1) Chateaubriand, *Les Martyrs*, liv. XXIII.

mal est toujours dominant., le bien toujours indécis, le malheur toujours infécond. Pourtant, sous une immobile surface, se cachent d'heureux germes latents, de profondes vertus dormantes. Pour tirer un grand avenir de ces éléments de vie, il suffit quelquefois d'un ébranlement et d'une impulsion. L'ébranlement !..... Hélas ! nous l'avons ressenti : puisse-t-il être suffisant ! Se sentant abattue sur la voie du progrès, la France a ramassé toutes ses forces vives et s'est redressée à demi. Par instants, elle s'affaise lourdement sur elle-même, pour se relever, retomber et se relever encore. Agitée, éperdue, elle demeure en suspens et semble dire, comme saint Paul, à la Force mystérieuse qui l'arrête : Que voulez-vous de moi (1) ? L'impulsion !... Ah ! puisse-t-elle naître enfin de cet ébranlement, assez vigoureuse pour entraîner les résistances passives et dominer les impulsions contraires ! Certes, la société moderne est encore bien loin d'être emportée par elle ; cependant, — plus d'un esprit clairvoyant en ont fait l'heureuse observation, — des indices favorables, de consolants présages font déjà pressentir la puissance et la direction de cet entraînement.

Le ferment national et chrétien commence à bouillonner dans le vieux tronc de France, aujourd'hui mutilé ; le travail se fait encore à des profondeurs inconnues : bientôt le mouvement poussera la séve généreuse et la fera déborder sur le monde !

La frêle et fugitive espérance effleure nos malheurs, comme ces vapeurs légères qui couvrent la surface des abîmes de brillantes couleurs et de reflets dorés. L'étoile de la France, ce bel astre invisible aux yeux de la raison,

-----

(1) V. *Actes des Apôtres*, Chap. IX, v. 6.

scintille à peine au fond des Cieux, pareille à ces lueurs lointaines et tremblantes, si douces au regard dans la longueur des nuits , plus douces quelquefois que les clartés radieuses. Ah ! si cette étoile est belle lorsqu'elle éclaire le bonheur, ne brille-t-elle pas d'un éclat plus aimé lorsqu'elle luit sur l'infortune ? Si le sourire est charmant sur des lèvres heureuses, n'est-il pas empreint d'un charme plus touchant, quand il caresse en passant des lèvres désolées ? Si le jeune homme, débordant de force et de vie , tout plein de jours et d'années, jette sur l'avenir un regard enchanté, n'est-il pas quelque chose de plus suave encore et de plus consolant dans le regard lumineux et profond que le vieillard malade et fatigué des hommes jette mystérieusement au-delà du tombeau ?

Mais le fragile espoir qui brille à travers nos larmes dût-il être, hélas ! obscurci par elles, que je crierais encore en cette nuit profonde : *J'espère malgré tout !*

N'espérerions-nous pas, parce que la France est malheureuse, que nous espérerions toujours parce qu'elle est immortelle. La France est immortelle, parce qu'elle est indispensable. Elle remplit une mission, *une magistrature* (1) qu'elle seule peut remplir.

En quoi consiste-t-elle, cette mission nécessaire ? Quel est ce rôle indispensable ? C'est un rôle d'élaboration, d'élucidation, d'initiation ; un rôle de pondération, un rôle d'attraction. La France disparue, les autres nations seraient dans un malaise indicible, dans un veuvage inconsolable. Si ce monde essentiel était anéanti, on n'entendrait plus que frottements et contre-coups dans le système européen. La gravitation politique des peuples serait bouleversée.

_____

(1) Ce grand mot est de J. de Maistre, *Considérations sur la France*, chap. ii.

La France est partout : il ne se fait rien de grand qu'on n'y trouve sa main ; il ne se dit rien de beau qu'on n'entende sa voix. C'est peut-être par ce dernier caractère que se distingue surtout sa nature attractive.

> *Gallis* ingenium , *Gallis* dedit ore rotundo
> Musa loqui..... (1)

Tous les grands observateurs ont été frappés de la haute influence exercée sur l'esprit humain par la langue française. Classique et presque universelle , elle participe aux nobles destinées de la langue latine. Elle possède, en effet, une clarté merveilleuse qui convient à la vérité , une douceur incomparable qui convient à la charité. La France est comme les saints ; *elle ne s'est jamais tue : c'est le verbe du monde !*

L'histoire rend témoignage de cette grande vocation assignée par la Providence à la langue française et à l'esprit français. Notre Patrie a marché presque constamment à la tête de la civilisation. J'en appelle à l'éloquent historien de ce beau mouvement (2). Les rois les plus puissants ont envié son trône, comme le meilleur point d'appui pour soulever l'Europe. Elle compte en son passé un des grands siècles littéraires. La France est la digne héritière, la rivale heureuse de la Grèce et de la Rome païennes.

Mais il est quelque chose de plus précieux pour elle que d'être la rivale heureuse de la Rome païenne : c'est d'être la *fille aînée* de la Rome chrétienne. Nous voici vraiment dans l'esprit de la question, dans le cœur du sujet. L'his-

---

(1) La Muse a donné aux *Français* le génie et les charmes du style. V. Horace, *Art poétique.*

(2) M. Guizot, *Histoire de a civilisation en Europe,* 1re leçon.

toire de France est, à certaines pages, l'histoire même de Dieu. *Gesta Dei per Francos :* Quel est le peuple qui pourrait donner à ses annales ce titre surhumain ? S'il n'est pas de décadences irrémédiables pour les nations chrétiennes, à plus forte raison pour la France qui est la *nation très-chrétienne.* Puisque la France est le verbe du monde, le monde a besoin de la France pour confesser la vérité ; la vérité a besoin de la France pour se manifester au monde. *Finis Galliæ* n'est pas seulement un blasphème contre la France ; c'est une hérésie contre la philosophie de l'histoire et contre le droit des gens ; c'est presque une hérésie contre la Religion.

On le voit, le rôle de la France est, à la fois, dangereux et sublime, enviable et redoutable. C'est à la fois sa force et sa faiblesse de marcher fatalement à la tête de la civilisation, dans quelque voie qu'elle s'engage.

Précisément, à l'époque actuelle, la France prend sa mission à rebours ; *elle abuse, de la manière la plus indigne, de sa magistrature* (1). Mais cette magistrature, cette mission n'en subsiste pas moins : elle est intransmissible ; elle est indestructible. Ou la France va rentrer dans ses destinées, ou le monde a fini les siennes.

J'ai dit que derrière les malheurs de la France il y avait toujours son immortalité ; mais je me hâte d'ajouter que son immortalité ne doit pas nous faire oublier ses malheurs. Il est également de l'intérêt de la justice et que la France se relève, et qu'elle ne se relève que par l'expiation. Il suit de là que si l'épreuve actuelle est stérile, elle

___

(1) Telle est, sauf l'inversion, la phrase dans laquelle est enchassé le mot cité isolément à la page 11. V. J. de Maistre, *Considérations sur la France*, chap. ii.

sera renouvelée jusqu'à ce qu'elle soit féconde, et, dans tous les cas, le malheur sera le creuset brûlant où se refondra la grandeur française.

Devant cette perspective à la fois sévère et consolante, hâtons-nous de favoriser, par tous les moyens, une élaboration qui sera d'autant plus difficile qu'elle sera plus longtemps différée ; ne laissons pas refroidir le creuset du malheur. Chaque jour emporte un espoir ; chaque jour apporte une crainte. Oh ! de grâce, ne nous endormons pas dans une indifférence mortelle, en disant : *A demain le salut de la France !*

ESSAI

SUR

L'INDIFFÉRENCE

EN MATIÈRE POLITIQUE

CHAPITRE PREMIER.

DE L'INDIFFÉRENCE POLITIQUE CONSIDÉRÉE EN GÉNÉRAL.

Le lecteur sait maintenant pourquoi j'écris sur *l'indiffé-rence*; il me reste à lui expliquer comment j'ai pris pour sujet *l'indifférence politique*.

C'est dans la sphère politique que s'agitent maintenant toutes les questions et tous les intérêts. La politique est devenue banale ; il n'est pas de cerveau qui n'en aborde les difficiles problèmes ; il n'est pas de cœur qui ne veuille en savourer les âpres jouissances. Cet art supérieur, autrefois réservé aux plus capables et aux plus dignes, le grand art de Sully, de Richelieu et de Colbert, est cultivé sans

compétence et professé sans dignité. Cette haute science,
qui exige, entre toutes, de vastes méditations et de longues études, cette science visitée par le génie de Dante et
le génie de Bossuet, est livrée aux discussions des tribuns
et des scribes. L'autorité se fait si petite, qu'elle se trouve
naturellement à la portée des ambitions les plus basses,
des plus infimes convoitises. Dans cet amas confus d'idées,
de sentiments et surtout de passions, qui s'appelle pom-
peusement la *volonté nationale* et *l'opinion publique*, on
remarque une progression continue qui n'est pas ascendante. Les doctrines les plus dangereuses sont les plus
applaudies; les plus mauvaises passions sont les plus satis-
faites. C'est l'anarchie morale, sinon encore matérielle, à
sa plus haute puissance.

Ce débordement de toutes les erreurs a fini par laisser
sur le sol politique une couche fangeuse sous laquelle dis-
paraissent peu à peu toutes les vérités. Cette invasion
croissante de malhonnêtetés et d'incapacités dans les hautes régions a eu pour triste conséquence d'y étouffer le
germe fécond des supériorités intellectuelles et des grandeurs morales. Devant un tel effacement, la majorité du
pays, — majorité malléable et fluide qui reçoit aisément
toutes les empreintes et suit naturellement toutes les direc-
tions, — reste inquiète, ondoyante, tour à tour docile à
tous les jougs, éprise de toutes les gloires, infidèle à tous
les malheurs. Impuissante à résister, faute de principes,
impuissante à lutter, faute de caractères, elle va toujours
perdant du terrain et, comme l'armée de Pyrrhus, elle
est toujours vaincue, même dans ses victoires.

En somme, le champ politique, si solennellement ouvert
à tous les travailleurs, ce champ qui promettait des mois-
sons fabuleuses, est devenu le partage à peu près exclusif

des paresseux et des violents qui en écartent les ouvriers
probes et laborieux. Aussi le champ ne produit-il toujours
que la ronce et l'épine. C'est en vain que, pour suppléer
à de sages cultures, on essaie parfois de l'arroser de sang :
le sang répandu féconde bien la terre ; mais ce n'est pas au
profit de ceux qui le répandent.

On l'a dit bien souvent et je viens de le dire moi-
même : La France a trop de politiques. Mais on peut dire,
en même temps, qu'elle n'en compte pas assez. Tous les
rebelles, tous les égoïstes, tous les incrédules, tous les
mysanthropes, tous les déclassés, tous les ruinés, tous
les excentriques se donnent fidèlement rendez-vous dans
l'arène. D'un autre côté, ceux qui ont quelque chose à
défendre ici-bas, désertant le poste d'honneur, se retran-
chent au loin, dans des positions sûres, d'où ils ne jettent
dans le plateau de la victoire que des vœux impuissants et
des souhaits ridicules qui ne savent même pas s'exhaler
en prières.

C'est à peine si, de temps à autre, quelque personnalité vigoureuse se détache hardiment de ces masses confu-
ses, pour s'avancer au premier rang, au risque d'y sup-
porter, sans secours, tous les efforts de l'ennemi !

La grande famille politique se divise en deux genres :
le genre *conservateur* et le genre *radical*. Chacun de ces
genres se subdivise lui-même en une infinité de sous-gen-
res, de séries, de groupes et d'espèces, à déconcerter
l'analyse la plus persévérante et la plus minutieuse. Mais
il est inutile d'aller au-delà des genres indiqués, car la
division générale qu'ils établissent domine et résume toute
classification politique et sociale.

Ces deux genres se reconnaissent à des caractères distinc-
tifs auxquels il est impossible de se méprendre, mais qu'il
est pourtant nécessaire d'indiquer avec précision.

Les *conservateurs*, qui sont de beaucoup les plus nombreux, se distinguent essentiellement par leur croyance aux principes fondamentaux et traditionnels de l'humanité et par leur indifférence à combattre pour ces principes. Ce qui caractérise, au contraire, les radicaux, c'est précisément la négation absolue de ces vérités nécessaires, jointe à la ferme volonté de faire prévaloir cette négation. Les uns laissent le fil de la tradition se relâcher et se détendre indéfiniment et s'accrochent ensuite à ce fil impuissant qui rompt, tout à coup, dans leurs mains. Les autres le brisent résolûment et, après cette imprudente rupture, ils tentent des efforts désespérés pour rattacher ce fragment incomplet à quelque extrémité résistante qui leur serve de point de départ et de point d'appui. Les seconds profanent et pillent impunément, à la face des premiers, le patrimoine historique et le trésor héréditaire du genre humain; et puis, quand toutes ces richesses sont dispersées au vent, les uns et les autres vont en rechercher au hasard les restes mutilés, au milieu des ruines qu'ils ont préparées ensemble!

Les *conservateurs*, appelés aussi *hommes d'ordre*, sont des politiques amorphes qui ne savent ni ordonner les éléments de la conservation, ni seulement conserver les éléments de l'ordre. Ces gens-là n'ont pas de systèmes : ils n'ont que des tendances; ils n'ont pas de volontés : ils n'ont que des désirs; ils n'ont pas de vertus : ils n'ont que des qualités. Incessamment ballotés de révolutions en réactions, cramponnés à la dictature en haine de l'anarchie, retombés dans l'anarchie par abus de la dictature, ils finissent par se croiser les bras, en regardant, avec une douleur résignée, la France courir à toutes les chutes. Quant à ceux dont la lassitude ne brise pas l'espérance, ils laissent voir qu'elle brise au moins leur courage et ne font rien pour mériter l'avenir qu'ils espèrent. C'est ainsi que la science conservatrice produit, à la fois, et des docteurs *tant pis* et des docteurs *tant mieux* qui s'en vont nonchalamment, à travers la société malade, faisant, avec un égal insuccès, de la politique expectante.

Voilà donc ce que c'est qu'un *conservateur;* mais le *conservateur* est ordinairement *libéral.* Qu'est-ce donc qu'un *conservateur libéral?* Le conservateur, nous venons de le voir, est celui qui voudrait conserver les principes fondamentaux des sociétés humaines; le conservateur libéral est celui qui, tout en proclamant la vérité de ces principes, reconnaît, en même temps, la liberté des principes contraires. Ce n'est pas ici le lieu de traiter à fond l'épineuse question du libéralisme. Ce travail ne se terminera pas, je l'espère, sans en donner la solution; mais je ne veux pas aller plus loin sans présenter une courte remarque sur les rapports du libéralisme avec l'indifférence. D'après les idées qui viennent d'être émises, on peut définir le libéralisme : la reconnaissance légale, la protection officielle accordée, au nom d'un principe, aux principes opposés ou, plus généralement et aussi plus rigoureusement, la neutralité constitutionnelle entre tous les principes. Eh bien ! il arrive plus d'une fois que cette prétendue neutralité n'est, en réalité, que de l'*indifférence.* Tel croit suivre des principes qui cède à des instincts. Où s'étale la tolérance, se cache l'impuissance. Ce qui semble une force de l'esprit n'est qu'une faiblesse du cœur.

Ajoutons enfin, pour être complet, une observation dernière : c'est que bien souvent l'indifférence provient moins d'un défaut de cœur que d'un excès de ventre.

Les *radicaux* ou *révolutionnaires* sont des êtres essentiellement destructifs. Les ruines, voilà leur élément. Par un renversement inoui des lois de la nature, dans une atmosphère malsaine, ils vivent et prospèrent; placés dans un air pur, ils végètent et meurent. Ils haïssent tout ce qui est aimable; ils aiment tout ce qui est odieux. Ou le nom de *radicaux* ne veut rien dire du tout, ou il indique, chez ceux qui le portent, l'intention d'arracher jusqu'à la *racine* de l'ordre, cet arbre séculaire, sans cesse rajeuni, qui nourrit la société de ses fruits et qui l'embaume de ses fleurs.

On pourrait dire que le *républicain* travaille sur la forme et que le *radical* travaille sur le fond. Au reste, avec des intentions parfois très-différentes, avec une ardeur variable, c'est au même chantier qu'ils travaillent tous deux.

Pour tout résumer dans une formule énergique, les radicaux ne vivent que *dans la destruction, par la destruction* et *pour la destruction.*

Entreprise à la lumière de cette idée dominante, une étude approfondie permet de découvrir en eux divers caractères ou plutôt divers aspects d'un caractère unique :

1° L'AMOUR DE LA DESTRUCTION. Les radicaux ont horreur des choses immortelles. Ils se réjouissent des changements, applaudissent aux chutes. Renverser les séduit, conserver les irrite. Toutes les fois qu'une grandeur s'abaisse, qu'une force faiblit, qu'une beauté se voile, ils accourent à la hâte pour savourer, à longs traits, cet amoindrissement, cet affaiblissement, cet obscurcissement. Ils aiment la décomposition, la mort et le néant.

Tandis que l'amour de la conservation est d'ordinaire, hélas! un amour platonique; l'amour de la destruction est, au contraire, actif, ardent, inquiet, vigilant, intré-

pidé ; il est patient, il est opiniâtre et, ce qui constitue
peut-être sa principale force, il est obéissant.

2° L'INTELLIGENCE DE LA DESTRUCTION. Les radicaux se distinguent par une sagacité vraiment merveilleuse à découvrir les points d'attaque. Il est bien rare qu'ils n'aillent pas
tout droit, dans leur rage destructive, à ce qu'il importerait le plus de défendre et de conserver. C'est ordinairement la base et la clef de voûte qui supportent leurs
premiers coups. Le radicalisme est la révolution discipli-
née et systématisée. L'armée radicale ravage le droit et la
vérité comme l'armée prussienne a ravagé la France, froi-
dement, méthodiquement, systématiquement. Elle fait
preuve d'une stratégie savante et, chose plus surprenante
encore, d'une tactique prudente.

3° LA SPÉCIALITÉ DE LA DESTRUCTION, c'est-à-dire, la capacité
spécialement ou plutôt *exclusivement* destructive, l'impuissance absolue dans tout ce qui ne touche pas à la destruction et, par contre, l'incapacité absolue de la reconstruction. En effet, si les radicaux ont l'intelligence de détruire,
c'est là leur seule intelligence. Ces hommes qui parviennent
à renverser l'œuvre de plusieurs siècles ne peuvent édifier
seulement pour un jour ; eux qui réussissent à démolir les
plus solides monuments ne savent pas superposer deux
pierres. C'est en vain qu'ils entassent les systèmes sur les
programmes, les déclarations sur les constitutions ; en
examinant de près cet immense chaos, on n'y découvre
qu'une immense pauvreté. Tout cela est incolore, inodore,
insipide. Sous la phraséologie radicale, éclatante et
bruyante, on peut bien voir percer une passion, un

appétit, un intérêt : on y chercherait vainement une pensée ou un principe. N'est-ce pas précisément le contraire
d'une idée, l'opposé d'un principe, que de vouloir détruire
toutes les idées et renverser tous les principes?

4° LA STÉRILITÉ DE LA DESTRUCTION. La destruction n'est
souvent qu'un travail préparatoire à la reconstruction.
L'édifice nouveau doit s'élever sur un sol déblayé. Mais,
qu'on ne s'y trompe pas, ce n'est jamais le cas des radicaux. Une fois les ruines amoncelées, aucun monument
ne surgit à leur place. Sous la main de ces démolisseurs
stupides, tout tombe et rien ne se relève.

5° L'IMMORALITÉ DE LA DESTRUCTION. Une œuvre de destruction est quelquefois, hélas ! une œuvre de justice : c'est
quand l'institution détruite poursuivait elle-même une
œuvre d'injustice. La destruction est loin de remplir ces
conditions de moralité quand ce sont les radicaux qui y
mettent la main (1).

(1) Cette observation comporte certaines réserves. Il arrive plus d'une fois
que la Providence se sert des méchants pour accomplir son œuvre dans le
monde, notamment pour éprouver et par là régénérer des institutions originai-
rement bonnes, mais devenues, par la suite, plus ou moins mauvaises et
même pour les détruire entièrement, quand elles sont obstinément mauvaises. C'est ainsi que la Révolution, toute *satanique* qu'elle est, rentre néanmoins
dans l'économie du plan divin. Dieu, dans ce cas, tire le bien du mal, ce qui
est dans les procédés habituels de sa miséricorde. Mais Il n'en est pas moins
certain que l'œuvre de destruction, objectivement juste, reste subjectivement,
intentionnellement injuste, immorale et mauvaise. D'ailleurs, la plupart du
temps, l'œuvre de destruction faite par les méchants, — ici les méchants sont
les radicaux, — est à la fois subjectivement et objectivement, c'est-à-dire,
absolument mauvaise, car, ainsi que nous venons de le voir, *il est bien rare*
qu'ils n'aillent pas tout droit, dans leur rage destructive, à ce qu'il importerait
le plus de défendre et de conserver.

> *Labor omnia vincit*
> *Improbus*.................... (1)

Telle est la vraie devise radicale, à la condition de laisser au dernier mot, ennobli par une audace heureuse, son sens rigoureux et brutal. Employé à caractériser les procédés du radicalisme, l'antique adage comporterait cette traduction nouvelle : *Rien n'est impossible à l'activité qui se meut dans l'improbité.* Il est une autre devise qui serait bien du goût des radicaux : *La fin justifie les moyens.* Mais ils ne peuvent même en invoquer le triste bénéfice, car, si leurs moyens sont mauvais, leur fin est encore pire.

6° L'hypocrisie de la destruction. Tout ce fond d'impuissance et de méchanceté n'est pas aisément pénétrable, étant ordinairement caché sous de belles couleurs. La Révolution prend le nom de réforme; l'intérêt se donne les airs du devoir; l'iniquité se revêt de la parure du droit; la rage imite le zèle; l'audace se pose en courage et l'orgueil ose prendre un front de majesté.

7° La folie furieuse de la destruction. Cette ignoble comédie, malgré de fréquents oublis de la scène et de nombreux retours à la nature, réussit, en somme, assez heureusement, grâce à l'aveuglement des spectateurs suppléant à l'habileté des acteurs. Mais une fois arrivés au but de leurs efforts, une fois passés de la destruction des principes à la destruction des choses, les radicaux changeront tout à

____

(1) Virgile. *Géorgiques* , liv. i.

coup de figure et reviendront naturellement à leurs instincts de tigre. La vieille cruauté montagnarde et jacobine,
longtemps contenue, rarement satisfaite, pourra trouver
enfin son assouvissement.

Avec le caractère hypocrite, la destruction radicale
perdra aussi ce caractère froid, calculé, systématique qui
l'a distinguée jusqu'ici. De même qu'elle n'aura plus rien à
dissimuler, elle n'aura plus rien à préparer, plus rien à
combiner. Qu'est-il besoin de stratégie et de tactique,
quand la bataille est gagnée?

Dans cette phase dernière, dans cette évolution finale
du radicalisme, la nature, victorieuse et maîtresse, chas-
sera, du même coup, la science et l'art devenus inutiles.
Alors plus de contrainte et plus de retenue; alors plus de
programme et plus de discipline. Alors les *radicaux* seront
des *pétroleurs*.

Devant ces extrémités d'une logique à feu et à sang,
tout ce que le parti radical peut renfermer d'honnête re-
poussera, tout à coup, des responsabilités écrasantes:
peut-être sera-t-il trop tard !

En résumé, l'idée de destruction qui remplit toute cette
description du genre radical n'a fait que s'accentuer de
plus en plus par l'analyse et par la réflexion, en sorte
qu'elle paraît maintenant plus effrayante que jamais.
D'autres idées accessoires s'y sont bien un instant réunies,
mais en lui laissant toujours la prédominance. Certes, l'on
peut bien dire, avec juste raison, que les radicaux détruisent pour jouir, qu'ils détruisent pour posséder, etc. ;
mais il est encore plus vrai de dire qu'ils *détruisent pour
détruire*.

De la description qui vient d'être faite, il résulte clairement que les genres décrits ne sont pas seulement dis-

tincts, mais encore essentiellement hostiles. Il en résulte également que, dans les luttes incessantes qui sont le résultat de cette hostilité, la victoire finira par rester aux radicaux, si les conservateurs persistent, comme ils l'ont fait jusqu'à ce jour, à n'opposer aux puissantes concentrations de leurs ennemis que l'éparpillement et l'immobilité.

Il en résulte enfin que la victoire d'un tel genre aura pour conséquence inévitable l'anéantissement de la famille entière.

Il faut donc le dénoncer et le dénoncer encore, ce danger qui nous menace, ce mal qui nous épuise. Tandis que le parti du désordre s'agite, se prépare, s'unit, se compte, se discipline, s'accroît et s'affermit; le grand parti de l'ordre s'amollit et s'abstient; le grand parti de l'ordre se divise et se décourage; le grand parti de l'ordre concilie et temporise; le grand parti de l'ordre bàille et s'ennuie; le grand parti de l'ordre « digère et ronfle (1) ! »

Et pourtant il existe en France, le grand parti de l'ordre! Il existe aussi réellement que la France elle-même : il est la France même! Il existe et il lui suffirait d'affirmer son existence pour affirmer sa victoire! Et cette existence, il ne l'affirme pas! Il existe, mais il ne vit pas!

Etrange disposition! Curieux et triste phénomène! C'est une sorte de fatalisme social, de quiétisme politique qui tarit les sources vives où s'alimente le génie national; c'est un engourdissement général qu'aucune secousse

(1) C'est en ces derniers termes qu'a été qualifiée la bourgeoisie par un écrivain qu'on pourrait appeler le *bourgeois malgré lui*. On me pardonnera, je l'espère, l'application généralisée que j'ai cru pouvoir faire ici de l'expression proudhonienne.

n'ébranle, qu'aucun aiguillon ne stimule. De cet état morbide, et peut-être mortel, abandonné, depuis trop longtemps, aux mains de l'empirisme, j'indiquerai plus tard quels sont, d'après la science véritable, la cause et le remède : je me contente d'en constater, pour le moment, l'affreuse réalité.

On le voit clairement par tout ce qui précède ; c'est bien sur le terrain politique que la lutte se prépare et malheureusement, on peut le voir aussi, ce ne sont pas aussi les plus intéressés à la bien soutenir qui s'y préparent le mieux.

Eh bien, c'est parce que la Révolution se couvre aujourd'hui du masque politique qu'il importe avant tout de faire sauter la visière. Il est indispensable de porter le remède au vrai siége du mal ou plus exactement, — et pour rentrer dans une figure qu'on ne peut plus éviter désormais en parlant politique, — de porter la défense au point précis de l'attaque. L'ennemi nous provoque sur un champ de bataille où il compte déjà de nombreuses victoires : relevons incessamment cet incessant défi. Oui, combattons vaillamment le combat politique ; combattons par le vote, combattons par la parole, combattons surtout par la plume, la grande épée des temps modernes, si nous voulons éviter la suprême douleur de combattre avec d'autres armes !

Mais sachons-le bien ; pour forcer la victoire en ce rude combat, il ne suffit pas d'une indécise et molle défensive : il faut une offensive à la fois savante et vigoureuse ; il ne suffit pas d'une résolution chancelante et d'une passagère ardeur : il faut une volonté à la hauteur de tous les obstacles, un courage à la hauteur de tous les dangers ; en deux mots, et pour appeler enfin les choses par leur nom, il ne suffit pas d'avoir la crainte et le dégoût du *mal* : il faut avoir l'audace et la passion du *bien*.

Je viens de prononcer deux grands mots, et certes ce n'est pas sans raison qu'on les rencontre ici. La lutte qui se poursuit, depuis un siècle, sur le terrain politique, n'est pas autre, en effet, que la lutte soixante fois séculaire engagée, sur tous les théâtres, entre le *bien* et le *mal*.

C'est pour la soutenir moi-même avec plus d'avantage, cette implacable lutte, que je suis descendu sur un terrain brûlant. Que si, comme on peut le croire, l'ennemi se dérobe et me cède la place, je le poursuivrai, sans trève ni merci, de retraite en retraite, pour tâcher de découvrir sa secrète origine et lui porter enfin, dans ses derniers retranchements, le coup victorieux.

N'est-ce pas dire que j'étudierai successivement l'*indifférence politique* à ses divers points de vue, dans ses expressions multiples; que je la presserai rigoureusement pour en faire sortir tout ce qu'elle contient? Il entre dans le plan que je me suis tracé de rechercher toutes les *indifférences* qui peuvent être les conséquences ou les formes de l'*indifférence politique*, pour savoir s'il n'existerait pas encore une autre *indifférence* qui en serait le principe et le fond.

CHAPITRE II.

DE L'INDIFFÉRENCE ÉLECTORALE.

L'indifférence électorale est l'expression mathématique, la manifestation proportionnelle de l'indifférence politique. Elle comporte et appelle immédiatement, à ce titre, quelques réflexions spéciales, quelques détails complémentaires.

L'indifférence électorale porte un nom particulier qu'il est opportun de rappeler d'abord, elle s'appelle l'*abstention*. Il me semble que ce mot-là résonne comme défection. Après le mot, passons à la chose.

La Révolution de 1848 a fait, de la loi du nombre, la grande loi de l'État et, du suffrage universel, l'application de cette règle, la procédure de ce droit. Dès ce moment, l'élection a fonctionné comme le rouage essentiel de la machine gouvernementale ; les luttes politiques sont devenues des combats de scrutin et la grande question sociale elle-même s'est réduite, en un sens, à une question électorale.

Considérées au point de vue électoral, l'activité révolutionnaire et l'indifférence conservatrice apparaissent, et, si on peut le dire, ressortent plus nettement. L'antithèse politique qu'elles forment entre elles, ce phénomène déjà si frappant, devient plus positif encore en se traduisant par des chiffres.

On voit le parti radical toujours exact, toujours prompt au scrutin. Ses suffrages tombent dans l'urne avec un entrain remarquable, avec un ensemble parfait. Pas une voix ne s'égare, pas une voix ne se perd. Tout arrive à point et tout porte profit. Les élections sont conduites avec un soin assidu qui commence longtemps avant la lutte et qui ne s'arrête pas avec le succès.

Tout autre est la situation dans le camp conservateur. Là règnent, à l'endroit de l'urne électorale, une vaste indifférence, quelquefois une aversion profonde. Cette indifférence, ce dégoût même, s'expliquent, mais ils ne se justifient pas. Etant donnée la situation politique actuelle, — et quelles que soient d'ailleurs les impressions ressenties, quelles que soient les opinions professées à l'endroit du suffrage universel, — il faut aller au scrutin, comme on irait au combat, en *nombre et en ordre*, dût-on traverser, pour s'y rendre, les postes ennemis ! Quand bien même le vote universel ne soit pas réclamé comme un droit, il doit être toujours pratiqué comme un devoir.

Les conservateurs n'ont pas le sentiment de ces nécessités. Un conservateur qui remplit exactement et courageusement ses devoirs d'électeur est presque une exception et mérite assurément d'être cité comme un exemple.

Au défaut d'empressement vient s'ajouter, chez les conservateurs, une autre infirmité : c'est le défaut d'entente. Les uns ne votent pas, les autres votent mal. Les électeurs se divisent, les candidats se heurtent, les élus se querellent. Il est rare qu'une élection conservatrice réunisse, à la fois, ces conditions nécessaires : exactitude, zèle, bon accord et persévérance.

Hélas ! il faut aujourd'hui, pour que les hommes d'ordre combattent et triomphent, il faut l'impulsion des événements ou la pression des hommes : il faut la *candidature officielle* ou la *candidature providentielle !*

Après ces manifestations inspirées ou forcées, sincères ou factices, le corps électoral retombe dans l'impuissance. Le calme plat règne de nouveau sur l'océan populaire ; parfois la surface est encore agitée ; mais le mouvement expire d'ordinaire sans soulever les profondeurs.

Il est une circonstance particulière, — circonstance toujours malheureuse, — dans laquelle l'indifférence électorale du parti conservateur s'accroît sensiblement, au moment même où elle devrait, au contraire, faire place à l'activité : c'est lorsque le parti radical est maître du pouvoir. Soit qu'ils forcent à plaisir les conséquences d'un principe favori, soit qu'ils veuillent décourager, par d'interminables scrutins, une majorité hostile, les gouvernements révolutionnaires abusent étrangement du système électif, du moins, je me hâte de le dire, quand ils croient y trouver leur compte, car, dans le cas contraire, ils le laissent dormir indéfiniment. Par une de ces contradictions monstrueuses qui tiennent à l'essence même de ces tristes pouvoirs, tantôt ils ont pour le suffrage universel les plus vives tendresses et tantôt ils le traitent avec des façons toutes républicaines. Quoi qu'il en soit, la majorité se fatigue bientôt ; plus les scrutins se multiplient, plus l'abstention se généralise ; plus on fait d'élections, moins on a d'électeurs.

A travers de fondamentales dissemblances, je ne puis m'empêcher d'entrevoir un sensible rapport entre la France politique, telle que le suffrage universel nous la montre, et la France militaire, telle que la levée en masse et la guerre à outrance nous ont permis de la juger. Des deux côtés, c'est une armée active entièrement insuffisante, quoique, de part ou d'autre, diversement recrutée; des deux côtés, une immense réserve disponible, mais naturellement immobile et presque impossible à *mobiliser*; des deux côtés, des entraînements irréfléchis et de soudaines paniques, des actes héroïques et quelquefois, hélas! des défaillances honteuses; des deux côtés, une direction insuffisante et une discipline relâchée; des deux côtés enfin, une troupe intelligente et courageuse, mais désorientée; une armée faite pour la victoire, mais surprise par la fortune et jetée sur le champ de bataille sans préparation et presque sans défense!

Et voilà pourquoi la cause de la France et la cause du Droit sembleraient véritablement perdues contre la Révolution et contre la Prusse, — si toutefois l'on ne se souvenait que la France et le Droit ne peuvent pas périr!

CHAPITRE III.

DE L'INDIFFÉRENCE GOUVERNEMENTALE.

L'indifférence gouvernementale peut être envisagée à un triple point de vue : indifférence des gouvernés par rapport au Gouvernement; indifférence du Gouvernement par rapport aux gouvernés ; indifférence du Gouvernement par rapport à lui-même.

I. *Indifférence des gouvernés par rapport au Gouvernement.* — Il n'est pas rare d'entendre cette profession de foi politique faite d'un air insouciant et même jovial : « Peu importe le gouvernement, pourvu qu'il donne l'ordre et la tranquillité! Pourvu que je fasse mes affaires! Pourvu que je vende mon vin! » Ces paroles émanent ordinairement d'un parfait honnête homme, possesseur d'une belle fortune et qui a la prétention légitime de ne point la partager, ce qui constitue son principal titre comme *conservateur.* On dit même que la majorité de la France parle comme cet homme. Quoi qu'il en soit, de telles paroles semblent tout d'abord empreintes de quelque bon sens, d'une certaine sagesse; mais, à les examiner de plus près, on reste convaincu qu'elles dénotent, outre une disposition morale contestable chez celui qui les prononce, un état politique extrêmement fâcheux chez le peuple au milieu duquel elles sont fréquemment prononcées, et qu'elles sont, en définitive, un symptôme de faiblesse, indicateur de la décadence.

Peu importe le Gouvernement, pourvu qu'il donne l'ordre et la tranquillité! Mais autant vaudrait dire : Peu importe la patrie, pourvu qu'elle donne une place au soleil! Peu importe la famille, pourvu qu'elle donne des soins et des caresses! Peu importe la religion, pourvu qu'elle donne des consolations et des espérances! Il y a bien, je le sais, dans la comparaison, des proportions à garder; mais, au fond, ces diverses exclamations sont toutes inspirées par erreur commune.

Peu importe le Gouvernement, pourvu qu'il gouverne bien! Mais précisément, pour bien gouverner, le gouvernement réclame, avant tout, des esprits convaincus et des cœurs dévoués, des citoyens qui, parlant de lui, ne dirent jamais : *Peu m'importe!*

Quant à ceux qui mêlent, à tout propos, les écus à la politique, il suffira de leur rappeler en passant que les sources de richesse ne sont pas, pour un pays, les seules sources de grandeur.

Il est ici-bas des choses qu'il faut toujours respecter, qu'il faut toujours aimer; et, n'en déplaise à nos sceptiques, le Gouvernement est une de ces choses. Je prétends qu'il doit trouver place, dans le cœur de l'homme, à côté de la Religion, de la Famille et de la Patrie, ou plutôt qu'il doit s'y confondre avec la Patrie elle-même. L'amour du Gouvernement n'est qu'une conséquence et un complément du patriotisme.

Mieux vaudrait encore, je ne crains pas de le dire, mieux vaudrait aimer un mauvais Gouvernement que d'être indifférent à tout Gouvernement.

Mais, dira-t-on, quel est donc le Gouvernement qu'il faut aimer?... Nous en sommes réduits à nous poser, à chaque instant, cette question redoutable. En d'autre temps, l'amour spontané des citoyens trouvait tout naturellement un objet digne de lui. Il y avait un Gouvernement durable ; il n'y avait qu'un Gouvernement possible. Mais des événements sont survenus, qui ont jeté partout la division et l'incertitude. Les gouvernements sont si passagers qu'on n'a plus le temps de s'attacher à eux ; ils sont si nombreux qu'on ne sait plus auquel s'attacher.

Toutefois, si la vérité politique est obscurcie, elle n'est point effacée, et, grâce à Dieu, il est encore possible d'en découvrir, sur le bloc national, l'indestructible empreinte. Seulement, cette découverte suppose une recherche consciencieuse et désintéressée. « Autrefois c'était un instinct, a dit un très-profond penseur (1), aujourd'hui c'est une science. » C'est cette science que nous tâcherons d'étudier dans ce livre ; mais il faut d'abord préparer les voies à cette grande étude. Pour arriver à savoir le gouvernement qui doit être aimé, ce sera déjà beaucoup que de reconnaître les inconvénients et les dangers de n'en aimer aucun.

II. — *Indifférence du Gouvernement par rapport aux gouvernés.* — Si les gouvernés n'aiment pas le Gouvernement,

---

(1) J. de Maistre, *Lettres d'un royaliste Savoisien à ses compatriotes*, Frag. d'une 3e lettre cités dans la préface de René Muffat.

ils sont payés par lui de la même monnaie. En retour d'une indifférence irrespectueuse, ils ne reçoivent qu'une indifférence dédaigneuse. Le peuple est regardé généralement comme une sorte de *matière première* de la politique. Quoi d'étonnant alors qu'on le charge d'impôts ? Il est considéré comme l'immense *anima vilis* sur laquelle on peut renouveler indéfiniment un *experimentum*, je veux dire un *essai*, qui, pour être *loyal*, n'en est pas moins stérile et dangereux. En somme, les nombreux gouvernements que le peuple édifie et prétend contrôler ne s'occupent guère de leur souverain que pour faire sur lui deux choses qui n'ont rien de très-respectueux, à savoir : *des profits et des expériences* (1).

III. *Indifférence du Gouvernement par rapport à lui-même.* — Cette troisième proposition semble paradoxale ; elle est pourtant aussi vraie que les deux précédentes. Les gouvernements se montrent, en général, très-indifférents, non-seulement à l'égard du pays, mais encore à l'égard d'eux-mêmes, c'est-à-dire, à l'égard des principes sur lesquels ils reposent, à l'égard des idées qui sont leur raison d'être.

Ce n'est pas à dire pour cela que les gouvernants se montrent indifférents aux places qu'ils occupent, aux

(1) J'écris ces lignes, — c'est une déclaration que je fais hautement et une fois pour toutes, — sans allusions, ni personnalités. Ce que j'ai voulu définir, en effet, ce n'est pas tel ou tel gouvernement, mais bien la *situation gouvernementale* sortie des entrailles mêmes de la Révolution et devenue aujourd'hui chronique et, pour ainsi dire, fatale. Il est surtout une individualité respectable que je tiens à mettre, dans tous les cas, tout à fait hors de cause ; c'est celle de l'illustre chef qui sait se maintenir actuellement, au-dessus de nos agitations et de nos divisions politiques, à une hauteur presque *royale*.

honneurs qu'ils cumulent. Que ne font-ils pas pour les acquérir? Que ne font-ils pas pour les conserver?.....

Mais comme les places et les honneurs ne sont, pour ainsi dire, que la surface et l'extérieur du pouvoir, et que les principes en sont, au contraire, le fond et la substance, on peut affimer qu'en devenant indifférent à ses principes, un Gouvernement devient, à vrai dire, indifférent à lui-même.

CHAPITRE IV.

DE L'INDIFFÉRENCE ADMINISTRATIVE.

L'indifférence administrative se rattache à l'indifférence gouvernementale comme l'administration elle-même se rattache au Gouvernement. Chargée par le Gouvernement d'appliquer les principes aux hommes, l'administration est tenue de s'intéresser à la fois aux hommes et aux principes. Ce que le Gouvernement doit à ses gouvernés, l'administration le doit également à ses administrés. Mais les devoirs de l'administration envers le Gouvernement sont plus étroits que ceux des gouvernés envers le Gouvernement et que ceux du Gouvernement envers lui-même. Prouvons d'abord ce dernier point.

On a vu que le Gouvernement pouvait et devait simplement aimer son principe, s'aimer lui-même en son principe. Or, là ne s'arrêtent pas le pouvoir et le devoir de l'administration. Intimement unie au Gouvernement, sans toutefois se confondre avec lui, elle peut, elle doit l'aimer, non-seulement dans son principe, mais encore dans son individualité, dans sa personnalité. Ce qui, chez lui, serait de l'égoïsme, chez elle, au contraire, est de l'abnégation. Son dévouement, pour emprunter des expressions exactes à la langue juridique, doit être, à la fois, *réel* et *personnel.*

Au reste, c'est bien à ce double point de vue, c'est de cette façon large et complète que le Gouvernement doit être aimé, non-seulement par l'administration, mais par le pays tout entier. Seulement ici encore, — et c'est là l'autre point qu'il fallait établir, — on constate que l'administration est liée par une attache spéciale. Le pays, en effet, est sous la protection du Gouvernement, tandis que l'administration est dans sa confiance. Aimée des hommes en vue du Gouvernement, elle doit aimer le Gouvernement plus que les autres hommes. Retenant, pour ainsi dire, au passage quelque chose du dévouement qui monte jusqu'à lui, elle doit y suppléer par un surcroît de son dévouement propre.

Une des premières conditions, pour que l'administration puisse remplir utilement son rôle social, c'est l'ensemble, c'est l'*unité.* Sans unité, on aboutit fatalement et successivement à la division, à l'hostilité, à l'impuissance, à l'*indifférence.* D'un autre côté, le lien administratif est, pour les États, l'un des meilleurs éléments d'unité; mais comment l'administration pourrait-elle unifier, si elle ne porte en elle-même un principe d'unité? Or, le principe d'unité de l'administration, qu'est-ce donc autre chose que le Gouvernement?

Une autre condition, non moins essentielle, d'une bonne administration, c'est l'*autorité.* A chaque instant, l'administration ordonne, surveille et fait exécuter. Elle a donc besoin d'obéissance et de respect, partant d'autorité. La force matérielle dont elle dispose ne saurait suppléer à l'autorité qui est surtout une force morale : elle ne peut que lui venir en aide. Et d'ailleurs, la force matérielle

elle-même suppose évidemment une organisation et une direction, c'est-à-dire un Gouvernement? Mais d'où l'administration la tirerait-elle, cette indispensable autorité, si ce n'est du Gouvernement, qui en est, par rapport à elle, la source légitime? Un administrateur a d'autant plus de force et d'autorité qu'il se tient plus étroitement uni au contre gouvernemental. Quand il parle, c'est tóujours au nom du Gouvernement; que s'il veut parler en son propre nom, sa parole est impuissante et souvent dangereuse. L'administration fait monter jusqu'au Gouvernement son respect et sa fidélité et le Gouvernement, en retour, la couvre de sa responsabilité et laisse tomber sur elle quelque chose de sa majesté.

Considérée par rapport au Gouvernement, l'administration apparaît donc comme une représentation, comme une émanation, comme un *prolongement*. (1) Elle ne peut, en aucune façon, s'en isoler, s'en désintéresser. Une administration régulière suppose un Gouvernement régulier; une administration juste, un Gouvernement juste; une administration forte, un Gouvernement fort. *Administrer pour administrer* est un principe faux; *administrer pour gouverner*, tel est le vrai principe.

On a vu que l'administration doit se montrer active et quels doivent être, à la fois, le principe et l'objet de cette activité; il reste à voir maintenant quels en doivent être les procédés et les moyens, la règle et la mesure. Quelques formules générales, mais précises, répondront suffisamment, je l'espère, à cette question délicate.

L'administration doit agir *honnêtement*, mais *énergique-*

____

(1) Expression de J. de Maistre, pour caractériser les rapports de la noblesse avec la souveraineté. Du Pape, liv. III, résumé et conclusion.

ment. Elle peut être audacieuse, pourvu qu'elle ait l'audace du juste; elle peut, que dis-je? elle doit être habile, pourvu qu'elle ait l'habileté du bien. Point de violences, mais point de faiblesses; point de friponneries, mais point de duperies. Que l'administrateur soit exact, sans être formaliste; spécial, sans être exclusif; consciencieux, sans être scrupuleux; que, sans être *dévorant*, il soit toujours actif; que, sans être agressif, il reste militant. Ce n'est pas au moment où les adversaires du pouvoir paraissent le plus entreprenants et le plus téméraires que ses défenseurs naturels doivent se montrer hésitants et timides.

Le pouvoir administratif n'a pas le droit de tromper, de fausser, d'étouffer l'opinion; mais il a le devoir de l'éclairer et de la diriger.

Un bon administrateur tire tout le parti possible de la loi dans l'intérêt du droit.

L'administration a besoin d'être aimée des bons et redoutée des méchants; aux premiers elle doit sa bienveillance, toute sa bienveillance; aux seconds sa justice et rien que sa justice. Quelle recherche l'appui des honnêtes gens en leur prêtant le sien et qu'elle fuie, au contraire, les fréquentations compromettantes et les accointances douteuses. Au jour du danger, elle trouvera ainsi, dans les rangs du parti de l'ordre, des soldats dévoués et, de leur côté, les hommes d'ordre trouveront, dans l'administration, des cadres tout prêts pour la lutte.

En résumé, l'on peut exiger de l'administration l'*impartialité;* on ne saurait lui demander l'*impassibilité.*

Quand l'administration se montre indifférente, tous les ressorts se détendent, tous les liens se relâchent. Le Gouvernement, n'étant plus isolé par un milieu compacte, se trouve en rapport direct avec ses adversaires , en contact immédiat avec ses ennemis. N'étant plus entouré d'une garde, précédé d'une avant-garde , il est exposé à subir tous les coups de main , à tomber dans tous les piéges.

Mais voilà qu'une objection embarrassante se dresse tout à coup, à la fin de ce chapitre et menace d'en déranger toute l'économie, d'en détruire toute la portée. Ne pourrait-on pas m'accuser d'avoir pris à rebours le sujet que je traite ? En effet, au point de vue administratif, le péril à craindre et à conjurer, est-ce bien l'*indifférence?* Ne serait-ce pas, au contraire, un zèle excessif, une *ardeur dévorante?* La question ne laisse pas que d'être délicate et l'observation piquante. Nous avons vu, dans ce sens, des exemples célèbres qui ont laissé, dans nos annales politiques, d'étranges souvenirs. Au surplus , l'indifférence administrative est tellement contraire à la nature et au bon sens, tellement impraticable, tellement impossible que peut-être effectivement le danger n'est pas là et qu'il faut le chercher plutôt dans un excès contraire. Ce qui ferait même pencher ce doute dans le sens de l'affirmation, c'est que ceux-là même qui professent le plus hautement l'indifférence en matière administrative ne la pratiquent pas, ou la pratiquent mal, ou, qu'après l'avoir un instant pratiquée, ils sont obligés d'en combattre et d'en corriger les tristes résultats par un surcroît de zèle. Il ne faudrait pas chercher bien longtemps, ni remonter bien haut, pour trouver à cette expression multiple d'une même vérité des preuves éclatantes.

Quoi qu'il en soit, l'indifférence administrative n'en est pas moins présentée comme le devoir des administrateurs, comme l'idéal de l'administration. On paraît confondre, dans ce cas, indifférence avec impartialité. C'est cette opinion trop accréditée, quoique insoutenable, qu'il importait de détruire. Telle est la pensée qui a inspiré ce chapitre. Telle est aussi la raison qui lui a fait prendre, à l'inverse des autres, la forme d'une discussion de principes plutôt que d'une exposition de faits. L'indifférence administrative existant beaucoup plus à l'état théorique qu'à l'état pratique, j'ai dû la considérer beaucoup moins comme un fait à signaler, comme un mal à guérir, que comme une question à résoudre, comme une erreur à réfuter.

CHAPILRE V.

DE L'INDIFFÉRENCE JUDICIAIRE.

Nous venons de voir l'indifférence prendre le masque de la justice : nous allons la voir maintenant prendre celui de la clémence.

L'indifférence judiciaire affecte ordinairement trois formes principales qui établissent, dans la résignation sociale, une progression ascendante : l'absence de poursuites, l'ordonnance de non-lieu et l'acquittement.

Dans le premier cas, on voit une justice impassible devant un crime impudent et provocateur ; les magistrats se tiennent enfermés dans les *temples sereins* de la justice platonique, et, de ces tranquilles hauteurs, ne prêtent qu'une oreille distraite aux plaintes de la terre.

Dans le second cas, c'est une procédure bruyante et pleine de promesses qui va se heurter brusquement à l'ordonnance de non-lieu. Avertissements, injonctions, sommations ; fréquents appels au parquet ; procès-verbaux menaçants ; interrogatoires minutieux ; enquêtes solennelles : rien ne manque à la mise en scène. Par malheur, le dénouement est ridicule et la chute piteuse : ce qui est plus malheureux encore, la morale est absente.

Dans le troisième cas, enfin la pièce arrive au dernier acte ; la procédure aboutit à l'audience ; l'affaire passe du parquet au tribunal ; les juges vont enfin prononcer..... et l'on voit alors un de ces scandales judiciaires qui troublent jusqu'aux profondeurs de la conscience publique !

C'est principalement dans le domaine politique que l'on peut relever ces dénis de justice. C'est là que se commettent les attentats les plus audacieux ; c'est là que s'étalent les impunités les plus arrogantes. C'est là que le crime est le plus agressif ; c'est là que la justice est la plus désarmée. Le mélange des principes y touche à l'*identité des contraires* et la confusion des idées y produira bientôt *la confusion des langues*. Déjà les mots de *juges* et de *bourreaux*, de *criminels* et de *martyrs* y sont plus d'une fois l'objet de malentendus inquiétants. Etrange et triste vérité ! Pourvu qu'un crime se rattache au renversement du pouvoir, il est immédiatement absous ; que dis-je ? il est glorifié ! La politique est la grande *circonstance atténuante* de notre siècle et de notre pays. Au premier abord, on croirait que c'est, au contraire, une *circonstance aggravante.* On serait porté à voir dans l'autorité le plus haut de tous les droits et à penser que, plus le crime va frapper haut, plus la peine doit frapper fort. Mais ce sont là, paraît-il, des maximes vieillies qui s'évanouissent au souffle de l'esprit moderne. Sur les débris du vieil ordre social croule, à son tour, le vieil ordre moral et l'indifférence pénètre dans le sanctuaire de la justice par la brèche de l'impunité !

Ainsi, de par le droit révolutionnaire, les hautes culpabilités se moquent de la loi ! Et les gouvernements pétrifiés regardent, d'un œil insensible, croître l'iniquité, quand ils ne la cultivent pas eux-mêmes avec un soin jaloux (1) ! Et puis, lorsque l'arbre du mal, ainsi développé, couvre la société de son ombre mortelle, ils tentent vainement de porter à sa racine la hache devenue trop lourde pour leurs mains débiles : quelques rameaux atteints tombent avec fracas ; mais le tronc reste vigoureux, à moins qu'il ne soit déraciné par la tempête ou frappé par la foudre !

Quand une société n'a plus la force de punir ceux qui lui déchirent le sein, c'est qu'il ne circule plus dans ses veines qu'un sang malade ou appauvri. Ce faible sang s'échappe constamment d'une plaie sans cesse agrandie. Peu à peu, la vigueur s'épuise et la vie s'éteint. Dans cette situation misérable, l'attaque est d'autant plus vive que la résistance est plus molle, et si un effort surhumain ne vient écraser enfin la perversité triomphante, ç'en est fait de la nation malheureuse qui n'a pas su maintenir la force au service du droit.

Il vaudrait mieux se passer de lois que de les effacer honteusement devant le crime impuni ; car l'impunité du crime est un outrage à l'innocence et un défi à la justice. La répression du mal est indispensable hélas ! à la liberté du bien et la punition des malfaiteurs à la sûreté des honnêtes gens. L'impunité scandalise, endurcit et corrompt ; le châtiment corrige, relève et moralise. Il y a, dans le châtiment, je ne sais quoi de tristement solennel et de mystérieux qui soutient la puissance et semble augmenter la majesté des lois.

---

(1) La persistance et la sévérité de l'accusation portée contre les gouvernements révolutionnaires me déterminent à renouveler ici, — pour l'affirmer plus énergiquement encore, — la déclaration faite à la note de la page 35.

« *La crainte du* » châtiment « *est le commencement de la* » justice (1).

Ces redoutables vérités semblent oubliées de nos jours ; on ne parle que d'indulgence ; on proscrit toute discipline et l'on fait grand fond sur la nature humaine soumise à ce régime énervant ; en quoi l'on fait preuve d'une double ignorance : ignorance profonde à l'endroit de la nature humaine qui ne peut être abandonnée, sans péril, à ses seules ressources ; ignorance non moins profonde à l'égard de l'indulgence et de la discipline qui, loin de s'entraver et de s'exclure, se justifient et se complètent. Rien de plus faux, en effet, et de plus dangereux que de supposer nécessairement, entre la clémence et la justice, une éternelle hostilité ; ces deux vertus corrélatives, ces vertus inséparables vivĕnt, au contraire, dans une admirable harmonie et, si on peut le dire, dans une fraternité parfaite (2).

La charité chrétienne est assurément, au point de vue politique et social, comme au point de vue religieux, la plus féconde des vertus : fécondité merveilleuse qui n'a rien de surprenant, puisque la charité chrétienne est un sentiment surnaturel qui donne, en quelque sorte, une note divine dans le concert harmonieux des affections humaines. Assurément aussi, la plus sublime expression qui puisse embellir le visage de l'homme, c'est le rayonnement de la bonté. Un admirable génie (3), qui connaissait pourtant toutes les nécessités de la justice, a dit cette profonde et suave parole : « Lorsque Dieu forma le cœur de l'homme, il y mit premièrement la bonté. » Ces véri

(1) Ps. cx, v. 10.
(2) C. page 9.
(3) Bossuet.

tés sont trop éclatantes pour trouver la raison rebelle, trop consolantes pour trouver le cœur indocile.

Malheureusement, il ne s'agit plus ici de bonté ni de charité ; ces nobles sentiments ont été tellement altérés qu'on n'y retrouve plus rien de leur beauté native.

On dirait qu'il passe par instants sur la France alanguie un souffle d'indulgence et de pitié malsaines. Les cœurs inquiets n'éprouvent qu'un sensibilisme bizarre et les imaginations désordonnées se perdent en rêveries élégiaques. Les hommes sont enclins à des expansions maladives, à des attendrissements contagieux où les nerfs ont assurément plus de part que le cœur.

Devant cette parodie des plus beaux sentiments, la justice indignée se voile la face et la miséricorde elle-même se détourne avec dégoût !

Si l'honnête homme doit quelquefois s'approcher du pervers, ce n'est pas pour se rabaisser à son niveau, mais pour l'élever jusqu'à sa hauteur. Dès que le bien ne descend plus, c'est le mal qui remonte. Pour avoir méconnu cette règle morale, la fraternité moderne a produit plus de scandale que d'édification et moins de conversions que d'apostasies.

Quel sera le résultat de toutes ces complaisances, de toutes *ces indifférences*? Le présent n'a sur l'avenir que des projections indécises ; mais quand le soir est triste et sombre, qui pourrait espérer un lendemain radieux?

On frémit à la pensée de toutes les responsabilités qui s'accumulent dans les consciences, par un temps où les responsabilités sont si lourdes et les consciences si faibles.

La sagesse antique a prononcé, par une bouche d'ordinaire aimable et souriante, un oracle sévère :

Raro antecedentem scelestum
Deseruit Pœna pede claudo (1).

La justice moderne fait mentir aujourd'hui le proverbe romain. Le châtiment, de plus en plus boiteux, se traîne péniblement sur les traces du crime qui, de plus en plus dégagé, gagne tous les jours plus d'avance.

Les délais de la justice enhardissent les coupables : ils devraient plutôt les épouvanter. Si la coupe du mal déborde enfin sur le monde, il arrivera fatalement un jour, — puisse-t-il nous être épargné ! — où l'équilibre rompu ne pourra plus se rétablir sans une immense expiation !

Hélas ! dans ces heures déchirantes, le crime seul n'est pas atteint. Lorsque Dieu frappe les têtes criminelles, il y mêle ordinairement des têtes innocentes, afin que le sacrifice soit méritoire et que l'épreuve soit abrégée !

C'est avec une conscience tranquille, mais non pas avec un cœur impassible, que l'homme procède, à l'égard de ses semblables, aux réglements sociaux qui suivent toujours les grandes banqueroutes de la Révolution. La peine n'est pas seulement douloureuse au coupable qui l'endure, mais encore, — on n'en peut pas douter, — à la société qui la réclame, la prononce et l'applique. Il en est surtout ainsi quand la peine est irrévocable et quand le condamné lui-même est moins coupable qu'égaré !

Mais il est des sévérités inéluctables auxquelles il faut bien savoir se résigner. Devant ces sanglantes affirmations de la justice et du droit, le seul sentiment légitime dans un cœur bien placé, c'est une douleur respectueuse. Le

(1) Rarement le châtiment, au pied boiteux, manque d'atteindre le coupable qui le fuit. Horace, *Odes*, liv. iii, 1.

cœur peut bien plaider devant la conscience, mais il n'a pas le droit de protester contre ses jugements.

Il ne reste plus qu'à réfuter en terminant une objection comminatoire qui consiste à soutenir que la sévérité produit l'irritation et l'indulgence, l'apaisement. C'est ordinairement en sens contraire, — chose bien triste à dire! — que se trouve la vérité. Mais, avant toute recherche, il importe d'écarter les éléments suspects qui pourraient troubler la raison et vicier le jugement. Il faut *élever son âme si haut que les menaces ne puissent l'atteindre* (1). Il est bon de le rappeler à tous ces farouches théoriciens de la vengeance et de la haine qui prennent, dans leurs démonstrations, la crainte pour complice : La force ne combat efficacement que la force ; *elle ne peut rien contre la vérité* (2).

La question, ainsi ramenée à son expression théorique, peut être utilement étudiée. Il est vrai qu'une rigueur exagérée, surtout quand elle est exercée par un pouvoir injuste, par une autorité tracassière et jalouse, peut surexciter les esprits et préparer les représailles; il est également vrai qu'une clémence opportune achève heureusement l'œuvre de la justice. Mais il n'en est pas moins certain qu'une répression timide encourage le crime et qu'une répression vigoureuse le paralyse et le confond. Le monstre révolutionnaire, par exemple, n'est pas de ceux que

(1) Quand on me fait une injure, je tâche d'élever mon âme si haut que l'injure ne puisse l'atteindre. — Maxime de Descartes.

(2) On reconnaîtra facilement, dans ce passage, l'influence de cette page immortelle où Pascal raconte *l'étrange et longue guerre de la violence contre la vérité*. Ce sublime morceau d'éloquence écrite, un des plus beaux qui soient sortis de la plume de l'homme, termine la XIIe *Lettre provinciale* et n'a vraiment qu'un seul défaut, c'est de se trouver en cet endroit-là.

l'on apaise en les caressant : il est de ceux que l'on ne dompte qu'en les terrassant.

Pour produire un bon résultat, la douceur ne doit pas être le masque de la faiblesse; qu'elle soit plutôt l'ornement de la force. « *Cherchez d'abord la justice;* » la clémence, comme « *tout le reste, vous sera donnée par surcroît* (1). »

(1) V. S. Luc, chap. XII, v. 31.

CHAPITRE VI.

DE L'INDIFFÉRENCE NATIONALE.

« Dieu a déposé dans l'âme des peuples, comme dans celle des individus, une originalité mystérieuse et féconde à laquelle ils doivent toujours rester fidèles, sous peine de perdre aussitôt leur grandeur et leur dignité. Vainement une philosophie aux affirmations superbes, vainement une philanthropie aux aspirations déréglées voudraient-elles nier le principe national , étouffer le sentiment patriotique. C'est au plus profond de l'âme humaine qu'il faut aller chercher ce sentiment et ce principe, dans le sanctuaire inviolable où ils se conservent, avec le culte de la Religion et de la Famille.

En voulant élargir le cœur de l'homme, toutes ces doctrines humanitaires n'aboutissent qu'à le rétrécir et à le mutiler. Le cœur de l'homme est assez grand pour contenir toutes les affections; loin de s'y gêner ou de s'y affaiblir, elles ne font, au contraire, que s'y affermir et s'y développer. Quand Socrate disait : « Je ne suis pas d'Athènes, mais du monde (1), » Socrate se trompait;

____

(1) V. Cicéron, Tuscul., V, 37. — Epictète, Dissert., I, 9, 1.

plus que tout autre assurément, il était *du monde*, comme homme et comme philosophe; mais il n'en était pas moins d'Athènes comme citoyen. Du reste, lui-même eut soin de le prouver hautement par ses actes qui, sur ce point, donnent à ses paroles un admirable démenti. « Pourquoi me tuez-vous? — Eh quoi! ne demeurez-vous pas de l'autre côté de l'eau? Mon ami, si vous demeuriez de ce côté, je serais un assassin de vous tuer de la sorte; mais, puisque vous demeurez de l'autre côté, je suis un brave et cela est juste (1). » Quand Pascal écrivait ces lignes, il ne lançait pas à faux sa terrible ironie; mais ce n'est pas le sentiment patriotique, c'est l'humeur guerrière qu'il atteignait. »

De tout temps, les philosophes ont affecté, plus ou moins, à l'égard du patriotisme, ces grands airs de mépris et d'orgueil dont une vue plus exacte de la nature humaine les eût certainement fait rougir. Mais ces tendances regrettables ont pris, de nos jours, avec un développement excessif, une tournure menaçante. Des écrivains illustres les ont encouragées par d'imprudentes pages; de grands poëtes les ont chantées dans des vers dangereux. A un moment donné, ce n'étaient partout qu'expansions immenses, dilatations prodigieuses. Les frontières étaient trop étroites pour contenir des cœurs brûlants de se donner au monde. Plus de patries! Plus de nations! Plus de royaumes, ni d'empires! La vaste humanité; toute l'humanité; rien que l'humanité!

Hélas! tandis que ces aspirations philanthropiques trouvaient, d'un côté, des victimes et des dupes, elles trouvaient, de l'autre, des spéculateurs audacieux, des ex-

(1) Pascal, Pensées, prem. part., art. IX, III, d'après Bossut.

ploiteurs habiles qui les faisaient servir au succès de la pire des causes. La Révolution, qui profite de tout et particulièrement de la sottise humaine, la Révolution, voulant se faire *internationale*, s'est empressée d'intervenir dans ce mouvement *antinational*. Une fois entrée dans le courant, elle n'a pas eu de peine à le précipiter et à le détourner. De tendances vagues, elle a fait un programme inflexible ; de rêves d'or, des volontés de fer : d'illusions décevantes, d'affreuses réalités et d'un amour sans règle, une haine sans limite.

Qui ne reconnaîtrait déjà, rien qu'à ces premiers traits, ce monstre aux vastes proportions, aux appétits insatiables, ce monstre tout moderne, l'*Internationale*, puisqu'il faut l'appeler par son nom ?... J'en tracerai plus opportunément la hideuse figure au chapitre suivant, en traitant la question de l'*indifférence internationale*. Ici, j'ai voulu simplement, conduit par le développement logique d'une première idée, faire toucher du doigt comment certains de ceux qui maudissent aujourd'hui ce développement excessif de l'Internationale, en ont d'abord très-involontairement, mais très-imprudemment favorisé la naissance et soutenu les premiers pas.

Et voilà bien où conduisent, — remarquons-le pour nous en souvenir, — voilà ce que préparent tous ces initiateurs, tous ces réformateurs qui font les généreux aux dépens de la justice et les libéraux aux dépens de la vérité !

En somme, cette fraternité des peuples, dont les enivrements ont grisé tant de têtes, est passée sur le monde comme une déception amère, comme une cruelle et sanglante ironie. Lorsqu'elle n'a pas produit des fruits de douleur et de mort, elle n'a laissé derrière elle que la sécheresse et la stérilité. L'égoïsme a trouvé son compte à des dévouements impossibles. Tel menaçait de son amour les peuples antipodes qui n'avait pas le cœur assez large pour arriver jusqu'au voisin. A force de songer à l'Europe et au monde, voilà qu'on finissait par oublier la France! Et c'est ainsi que tout ce bel amour international a eu pour dernier et triste résultat l'*indifférence nationale*.

Il en est qui nient le patriotisme; il en est d'autres qui le faussent. Quand le malheur est venu, tout à coup, fondre sur la Patrie, c'est en vain qu'elle a voulu jeter, comme un drapeau, son nom dans la mêlée. De ces lettres muettes le sens était perdu, l'âme était envolée. Ce mot magique qui faisait tressaillir le cœur et bouillonner le sang de nos pères, ne réveille plus dans les âmes qu'un vague frémissement. Ce ressort toujours bondissant, dont il fallait autrefois modérer la puissance, n'a plus assez de force ni pour la résistance, ni pour le mouvement.

Mais que dis-je? le nom de la *Patrie!* On n'ose plus même le prononcer! Le patriotisme a son respect humain comme la religion. Cette faiblesse a laissé dans le langage une empreinte sensible : on ne dit plus maintenant : *ma Patrie*; on dit plutôt : *mon Pays*. Cette observation curieuse n'est pas nouvelle et ne m'est pas personnelle; mais elle est si bien ici dans l'esprit du sujet que j'ai cru devoir la signaler, pour mon propre compte, à l'attention publique.

Il est une seconde remarque, faite sur la même matière et dans le même sens, qui complète la première et en fait ressortir toute la portée. Le langage, miroir fidèle où se reflètent les mœurs, ce même langage qui accuse un ralentissement marqué dans l'emploi du mot *Patrie*, révèle, en même temps, l'apparition subite d'expressions nouvelles destinées précisément à ridiculiser ceux qui sont restés trop fidèles à ce grand mot disgracié : *chauvin, chauvinisme*, néologismes malencontreux, d'une origine douteuse, aussi mal composés que mal interprétés, et qui ne font pas plus d'honneur à nos sentiments qu'à notre dictionnaire.

Il est pourtant des hommes qui font encore beaucoup de bruit avec les noms prestigieux de *France* et de *Patrie*. Mais ces hommes-là ne sont en réalité ni Français, ni patriotes. Ils se forgent, à grand fracas, une France de convention, une Patrie de commande, et, cette idole une fois élevée, ils n'ont plus d'encens que pour elle. Après l'encens, viennent les sacrifices. D'immenses hécatombes sont immolées par eux *au Génie de la France*, digne frère de la *déesse Raison*, et la vieille terre des Gaules voit tomber encore une fois des victimes humaines !

Il va sans dire que le patriotisme n'a pas grand'chose à démêler avec ces sentiments-là.

Au reste, si l'audace et l'orgueil sont propres à quelques-uns, la présomption et la vanité sont communes à tous. Phénomène malheureux ! Contradiction humiliante ! En France, on a la présomption qui aveugle, sans avoir la confiance qui soutient, ni la foi qui triomphe. On regorge de vanité, mais on est pauvre de fierté !

En voici certainement une preuve affligeante. L'indifférence nationale a été accompagnée chez nous d'admirations inconvenantes, d'engouements ridicules pour les nations étrangères. L'honneur de la France a beaucoup souffert de ces fantaisies exotiques.

Nous avons eu d'abord l'imitation, la monomanie anglaise, monomanie universelle, allant des plus humbles détails de la vie privée aux actes les plus solennels de la carrière publique et des luttes hippiques aux luttes politiques ! « Il y a quelques années, florissait en France une école anti-française, dont les disciples dénaturés allaient chercher, de l'autre côté du détroit, leurs plus chères inspirations. Chacune de leurs paroles était une insulte pour la France, une flatterie pour l'Angleterre. A les entendre, il aurait fallu emprunter à cette nation incomparable, à ce peuple modèle tout un système de colonisation politique, dont la dernière conséquence et le suprême honneur auraient été de faire proclamer en France le *protectorat britannique !* » Cette école, un peu discréditée, compte pourtant encore des disciples et forme même des élèves.

L'Amérique, à son tour, est venue nous fasciner de ses lointains prestiges. On nous a proposé les *Etats-Unis de France ;* on nous proposé les *Etats-Unis d'Europe !*.... Ce n'est certes pas que le système fédératif n'ait fait ses preuves politiques et qu'il n'ait ses traditions, ses grandeurs et ses gloires. Mais il faut avouer qu'il souffre étrangement de certains patronages et que l'histoire moderne nous offre là-dessus de tristes souvenirs et de tristes exemples.

Enfin, c'est pour l'Allemagne qu'ont éclaté nos derniers et peut-être nos plus ardents enthousiasmes. Toutefois, en changeant de direction, cet enthousiasme a changé de nature. Il est devenu philosophique et scientifique, de politique qu'il était surtout auparavant. De là ce goût dépravé des auteurs allemands, cette admiration souvent inconsciente de la science germanique, protégée contre les regards indiscrets par ses brouillards épais, comme la politique américaine est protégée par ses lointains immenses. Hélas ! combien nous a coûté de trésors, et de sang, et d'honneur, cette passion de l'Allemagne ! Il est très-peu d'erreurs, et par conséquent de malheurs, qui ne nous soient venus de ce pays néfaste. Seulement, au sortir des têtes germaniques, l'erreur se montre d'ordinaire en un état si misérable, sous des dehors parfois si ridicules, qu'elle porte vraiment en elle-même son correctif et son préservatif. C'est alors que le génie français, qui embellit tout ce qu'il touche et qui veut toucher à tout, s'empare avidement de ces substances impures et parvient à leur donner des formes gracieuses et des couleurs enchanteresses. Il est triste d'ajouter que les soldats de l'Allemagne ne nous ont pas encore désabusés de ses philosophes.

Nous ne savons maintenant aller chez nos voisins que pour mendier auprès d'eux des modèles et des guides. C'est là le seul mobile qui nous fait aujourd'hui traverser la Manche, l'Océan et le Rhin! Nos yeux se tournent, tour à tour, vers tous les points de l'horizon, comme si nous n'osions plus nous regarder nous-mêmes!

Et cependant la France, quoique humiliée, peut encore soutenir le regard de ses enfants, en attendant qu'elle puisse abaisser le regard de ses ennemis. La douleur, loin de la défigurer, semble avoir rajeuni sa beauté, en attendant qu'elle retrempe sa force et renouvelle sa grandeur.

CHAPITRE VII.

DE L'INDIFFÉRENCE INTERNATIONALE.

De ce que la fraternité moderne a débordé par delà les frontières, il ne faudrait pas se hâter de conclure que les autres nations aient bien profité de ce débordement. En affaiblissant l'amour de la Patrie, le mouvement philanthropique est loin d'avoir favorisé l'amour de l'humanité; en réalité, l'on n'est pas moins indifférent aux pays étrangers qu'à son propre pays; à l'indifférence que nous avons appelée *nationale* vient se joindre une autre indifférence que nous nommerons *internationale*.

On a déjà vu l'indifférence, sous une des formes où elle est apparue, prendre le nom malsonnant d'*abstention*; sous la forme qu'elle va maintenant revêtir, elle prendra celui de *non-intervention*.

En généralisant un peu l'application du premier de ces termes, on peut dire qu'il caractérise exactement la politique intérieure, tandis que le second résume assez fidèlement, sauf de rares et malheureusement de tristes exceptions, la politique extérieure.

En somme, ce sont là les deux grands aspects de l'indifférence moderne; c'est là ce qu'on pourrait appeler l'*indifférence en partie double.*

Et l'on prend cela pour de la sagesse et de l'habileté !
Mais cette sagesse n'est que folie et cette habileté finit en
duperie. Croit-on supprimer le danger, parce qu'on en
détourne obstinément les yeux? Est-ce donc résoudre les
questions que de les étouffer. Erreur commode, mais
absurde et périlleuse ! Pendant qu'une nation se replie
ainsi sur elle-même, au dehors, les difficultés s'aggravent,
les problèmes se compliquent, les responsabilités s'accumulent. La situation, tout en paraissant quelquefois se
détendre, finit par arriver, au contraire, à son maximum
de tension. Rien n'est réglé, ni résolu ; tout est seulement
différé, réservé. On ne fait qu'éloigner le jour de l'échéance.
Plus les paiements sont retardés, plus la dette est menaçante. Les créances de la justice ne restent jamais impayées.
La politique de *non-intervention*, comme celle d'*abstention*,
n'est qu'une politique d'impuissance et d'étourdissement.

C'est une politique de décadence et de sénilité. Les nations jeunes et vigoureuses cherchent toujours à se répandre, à se communiquer. La vie qui les anime, la séve qui
les gonfle jaillit et se répand. On retrouve partout leur
trace et leur action. Elles ont constamment besoin d'être
contenues, modérées ; elles sont luxuriantes. Aujour-
d'hui la vieille Europe est appauvrie et toute cassée,
ne marchant que par secousses et par excitations. Et
encore les excitations les plus violentes, les plus terribles secousses ne la réveillent plus que difficilement d'un
effayant sommeil !

Il me répugne de jeter une pierre de plus dans le champ
du voisin ; mais, je le demande, peut-on sérieusement
parler de non-intervention sans parler de l'Angleterre ?
N'est-elle pas la personnification complète, le type achevé
de cette politique immobile ? Elle la pratique assurément

avec une aisance, une confiance et une persistance qui méritent, dans tous les cas, une mention particulière. La position géographique de l'Angleterre, sa situation insulaire, on l'a dit avec quelque raison, semblent excuser ou du moins expliquer son isolement politique. Mais, d'un autre côté, ne pourrait-on pas dire avec non moins de raison, bien que, je crois, on ne l'ait pas dit, que sa puissance maritime peut compenser, au point de vue de l'action extérieure, son impuissance terrestre. « Sur ce vaste océan qui couvre les trois quarts du globe, il n'est pas un point qui ne soit touché par les vaisseaux de l'Angleterre ! » s'écriait un jour je ne sais plus quel orateur anglais, dans une magnifique explosion d'éloquence et de patriotisme. Eh bien ! puisque l'Angleterre touche à tous les rivages, elle n'a pas le droit de s'isoler au milieu des mers, sur ces flots quelle domine. Elle n'est, en aucune façon, dispensée des soucis qui incombent aux autres peuples. Ne va-t-elle pas jusqu'aux extrémités du monde, pour y prendre sa part dans la distribution des profits et des jouissances ? Pourquoi n'irait-elle pas aussi loin prendre une part égale dans la répartition des douleurs et des sacrifices ? Non, sa situation ne la justifie pas et, dans tous les cas, il est probable que sa situation ne la sauvera pas !

Mais, en admettant même que la passivité politique pût, à la rigueur et jusqu'à un certain point, convenir à l'Angleterre, il est incontestable que le caractère et le génie français la repoussent absolument. En France, la non-intervention politique, le désintéressement diplomatique, érigés en système, seraient le plus affreux des contre-sens, le plus malsain des régimes.

La France, je l'ai déjà remarqué (1) et ne trouve pas superflu de renouveler la remarque, la France est essentiellement active, expansive, communicative, foncièrement propagandiste. Comprimer ces dilatations nécessaires, ce serait préparer des explosions soudaines , ou bien , au contraire, ouvrir les voies à un dépérissement insensible, à une lente consomption.

Les interventions par trop chevaleresques, il est vrai , sont souvent dangereuses. Plus que tout autre, hélas ! la France en sait bien quelque chose. Plus que tout autre aussi, elle a besoin, dans sa parole et son action , de la plus sage réserve. Elle y est tenue en raison, en proportion même de ses facultés expansives. Toutefois réserve n'est pas inaction ; prudence n'est pas immobilité. Il n'est pas bon d'intervenir à tout propos et à tout hasard ; il importe de choisir les causes justes et les moments opportuns. Mais, on ne saurait trop insister là-dessus, en principe, il faut parler, il faut agir, il faut *intervenir*. Toutes les nations, tous les peuples sont solidaires. Etant composés d'hommes , rien de ce qui intéresse les hommes ne doit leur rester étranger (2).

Ce qui a été dit, jusqu'à présent, de l'indifférence, considérée dans ses diverses manifestations, ne doit pas seulement s'appliquer à la France. Quoique écrit spécialement en vue de ce pays, cela doit être étendu, à des degrés divers, dans des proportions variables, à tous les autres peuples de l'Europe ; mais, en ce qui concerne le genre d'indifférence actuellement examinée, cette exten-

(1) V. Introduction, page 12.

2) Traduction libre et agrandie du fameux vers de Térence :

Homo sum et humani nihil a me alienum puto.

sion s'applique d'une manière plus rigoureuse. Ce n'est pas seulement la France que nous voyons indifférente à tous les autres peuples; tous ces peuples, nous les voyons aussi réciproquement et respectivement indifférents les uns aux autres. Il est donc nécessaire, pour traiter convenablement de l'*indifférence internationale*, de se placer et de se maintenir constamment au point de vue *international*.

Parcourons, à ce point de vue, les grandes douleurs et les grandes injustices des temps modernes et voyons quel accueil elles ont reçu de l'Europe et du monde.

Cette revue désespérante a été déjà passée plus d'une fois, et avec bien autrement de compétence et d'autorité que je ne puis en apporter moi-même à cette œuvre de haute et sévère justice. Mais, puisque ces tentatives généreuses n'ont pas, jusqu'à présent, donné de résultat, je veux dénoncer, une fois de plus, a la conscience publique une série de complaisances et de làchetés dont les annales de l'indifférence humaine n'offrent pas un autre exemple.

Qu'est-ce donc? O mon Dieu ! Des cris déchirants retentissent au Nord ! C'est un peuple entier qu'on égorge ; c'est un meurtre national. Les mots désespérés : *au secours! au secours!* sont portés par tous les vents, répétés par tous les échos. On sent qu'il doit y avoir aux prises une grande faiblesse et une grande force. A cette alerte inattendue, l'Europe étonnée prète un moment l'oreille. L'émotion semble la gagner : elle va sans doute accourir. Des philosophes parlent solennellement des peuples opprimés ; des poëtes chantent mélancoliquement les nations malheureuses... Mais aucun soldat ne tire son épée. Déjà la première émotion se calme peu à peu. D'ailleurs, aux

plaintes de la victime on entend se mêler les imprécations
du bourreau. Alors, la peur aidant l'indifférence, l'Europe
retombe lourdement dans le *statu quo.* C'est en vain que
les plaintes redoublent avec les douleurs éprouvées. Le
temps s'écoule, en attendant, et l'on s'accoutume à cette
vieille injustice, à cette douleur devenue chronique. On
la croit incurable ; on la croit méritée. On se persuade,
au moins, que la victime n'a pas tous les droits, que le
bourreau n'a pas tous les torts. O gratuite injure ! Para-
doxal outrage ! On accuse la victime de n'être pas intéressante et de « *spéculer sur l'atrocité même de la répression* (1) » qui lui est infligée !

Certes, la victime aurait-elle eu des torts, et quelque
grands qu'ils pussent être, ce n'était pas une raison pour
laisser faire le bourreau. Il n'est nul besoin, pour être
secouru, d'être victime intéressante : il suffit d'être victime, ou plutôt une victime est toujours intéressante par
cela seul qu'elle est victime.

Enfin tout se tait; c'est la froide paix de la solitude et
l'ordre règne en Europe autant qu'à *Varsovie !*

En cette circonstance malheureuse, il faut le dire hautement, l'Europe a manqué de cœur. Elle n'a pas moins
manqué d'intelligence. Il y avait là, en effet, non-seulement une grande infortune à secourir et une grande
injustice à réparer, mais encore un grand intérêt à servir,
un grand péril à conjurer. Par une coïncidence mystérieuse et très-encourageante qu'on retrouve souvent dans

(1) Cette accusation grotesque se trouve formulée dans une de ces mille bro-
chures où Proudhon versait, à petites doses, sa mauvaise humeur intellec-
tuelle et où généralement la beauté du style n'a d'égale que la laideur de
l'idée.

la marche des choses, le dévouement et la vertu devenaient.
de la sagesse et de l'habileté.

Encore un bruit plaintif apporté par les souffles du
Nord! Encore un peuple entier, un pauvre petit peuple,
qu'on frappe et qu'on meurtrit! Mais, cette fois, — ô raffi-
nement de cruauté! ô surcroît de douleur! — le bourreau
n'est plus seul. Quoique forts et puissants, ils se sont mis
à deux pour mieux terrasser la victime. Et l'Europe, que
répond-elle à cet appel nouveau, tout aussi déchirant,
tout aussi désespéré? Hélas! même silence, même immobilité! Aucune force généreuse ne vient s'opposer à ces
forces brutales. C'est à peine si les neutres, les désintéressés tournent un instant les yeux vers le théâtre du
crime : et encore peut-être est-ce plutôt un regard curieux
qu'un regard sympathique! Et que fait donc à la grande,
à l'heureuse, à la tranquille Europe, cette douleur toute
locale, cette violence imperceptible?..

Mais voilà que le bruit plaintif se perd tout à coup dans
un bruit formidable, apporté par les mêmes souffles, redit
par les mêmes échos! Ce sont maintenant des cris de
colère et de haine confusément mêlés à des cliquetis d'armes, à d'effroyables explosions. On dirait deux grandes forces heurtées dans un terrible choc. Eh quoi!
cet immense tumulte se change bientôt en une immense plainte! Terrible châtiment! Expiation soudaine!
Ce sont précisément les deux bourreaux odieux que
nous venons de voir acharnés contre une victime commune. A peine en avaient-ils partagé les lambeaux qu'ils
se sont pris de querelle et sont rentrés en lutte, — et l'un
d'eux est déjà la victime de l'autre! L'une de ces deux
grandes forces n'est plus désormais qu'une grande faiblesse. Et l'Europe, toujours indifférente, n'a pas plus de

secours pour la puissance malheureuse que pour la faiblesse opprimée !

Prêtons une oreille plus attentive encore et plus respectueuse. C'est maintenant du Sud que la voix nous arrive. Déjà, depuis longtemps, à travers et par dessus toutes les plaintes, retentit une autre plainte qui les accompagne doucement et semble les résumer. D'abord faible et douce, elle a grandi peu à peu ; elle est devenue grave et fière ; elle est devenue terrible ; mais, chose merveilleuse ! elle n'a pas cessé pour cela d'être douce. Plus elle est forte, plus elle est calme et résignée. C'est une étrange plainte. Elle retentit parfois comme un commandement et comme un jugement. Elle a des accompagnements mystérieux, des échos infinis. On dirait que le bruit ne vient pas de la terre. Mais quelle est donc cette plainte ? Quelle est cette victime ?... C'est un pauvre vieillard, un vieillard outragé, dépouillé, opprimé ! Néanmoins ce vieillard reste fier, il reste riche, il reste libre ! Et, ce qui est assurément plus merveilleux encore, ce vieillard reste jeune !... Il est triste et pourtant tranquille et radieux ; il est triste, mais sa tristesse respire la paix et resplendit de joie. Jamais deux yeux plus purs n'ont regardé le ciel avec plus de confiance et de sérénité. Lui aussi, tout d'abord, il a jeté son cri de détresse à l'Europe et au monde. Mais l'Europe et le monde sont demeurés, comme toujours, impassibles... d'une impassibilité qui parfois ressemblait singulièrement à la complicité. Dans cet isolement, cet abandonnement, à la différence des autres victimes, le sublime vieillard n'a pas perdu courage. Il le conserve et l'on sent qu'il le conservera ! Seulement, voyant la terre entière rester sourde à sa voix, il n'attend plus rien de la terre. On a remarqué toutefois qu'avant de détacher entièrement le regard des horizons terrestres, l'infortuné vieillard l'a tourné bien longtemps vers un certain côté, d'où il semblait surtout attendre du secours ; c'était vers une nation qu'il appelait : *ma fille!* Mais cette nation elle-même a trompé l'attente paternelle.

O spectacle étonnant! Mystérieux enchaînement de douleurs et de chutes! Voilà que cette nation insensible, cette fille indifférente pousse, à son tour, des cris affreux ; un voisin puissant lui déchire le sein. Ce perpétuel ennemi, cet adversaire inévitable, c'est encore celui dont nous avons déjà, par deux fois, constaté les triomphes sanglants ; c'est l'un des deux bourreaux que nous avons vus tout d'abord écraser une faible victime et châtier bientôt son imprudent et malheureux complice. Et lui-même est toujours triomphant et toujours impuni!... Il semble maintenant plus acharné contre une victime plus précieuse. Sous sa botte pesante, elle étouffe, elle râle, couverte de sang et de flammes. Du fond de sa misère, elle appelle, implore et supplie ; sa plainte est désolée, suave, attendrissante, car elle possède, à la fois, le don des plaisirs aimables et des douleurs harmonieuses. L'Europe l'écoute nonchalamment. Mais, hélas! malgré l'étendue de son malheur, malgré l'harmonie de sa plainte, personne ne se lève, personne ne s'avance pour soutenir celle qui dépensa tant d'or et de sang à secourir les autres. Et la face de l'Europe est toujours impassible! Si l'on y découvre cette fois un léger changement, c'est qu'un éclair de jalousie satisfaite illumine par instants ce morne visage.

O beauté du modèle! O grandeur de l'exemple! Elle aussi, la belle et noble victime, la fille oublieuse et pourtant fidèle, n'a pas désespéré, ne désespère pas! On l'a vue baisser son front dans la poussière et le relever déjà glorieux. Qu'est-ce que la douleur, quand on a l'espérance?...

Tout ce qu'on dit sur l'*indifférence*, il ne faut pas le perdre de vue, ne vise naturellement que les *conservateurs*. Ainsi l'indifférence internationale se rapporte exclusivement à l'Europe conservatrice, à l'univers conservateur. Que si l'on considère le monde révolutionnaire, on retrouve immédiatement, sur ce sol agrandi, le même élan, le même zèle, la même ardeur de destruction déjà rencontrés si souvent sur des terrains moins vastes. On y retrouve, sous un aspect d'autant effrayant qu'il est plus général, cette même opposition, cette même antithèse de l'indifférence conservatrice et de la fureur radicale, antithèse qui est le principal caractère de l'époque, opposition qui en est assurément le principal danger.

Cette antithèse paraîtra plus caractéristique et cette opposition plus dangereuse encore, — et de la sorte l'indifférence conservatrice restera sans illusion comme sans excuse, — si je place ici cette peinture annoncée de l'Internationale dont quelques traits spéciaux ont été esquissés, mais sur laquelle il importe de jeter maintenant des lignes plus accusées, de plus sombres couleurs.

L'*Internationale* n'est que la Révolution *internationalisée*. Une remarque importante est ici nécessaire. Si la Révolution se fait *internationale*,—il est à peine besoin d'insister là-dessus, — ce n'est certes point par amour des *nations;* c'est, au contraire, la haine de l'humanité qui la jette en dehors des frontières. Elle ne cherche à s'étendre *partout* que pour détruire *tout*.

Donc, — que les conservateurs le sachent bien et ne l'oublient jamais, — le vrai but, le programme réel, la formelle intention de l'Internationale, *c'est de détruire tout*, tout ce qui est debout, tout ce qui est grand, tout ce qui est fort, tout ce qui est beau, tout ce qui est vrai, tout ce qui est juste, tout ce qui dure, tout ce qui résiste, tout ce qui gouverne, tout ce qui enseigne, tout ce qui éclaire, tout ce qui vit, tout ce qui est, tout, tout, tout..............

Sa nature est tellement destructive, qu'après avoir détruit tout ce qui s'oppose à elle, — c'est là son premier châtiment, — elle en arrive fatalement à se détruire elle-même. On a déjà vu que ce penchant destructeur était le caractère dominant du radicalisme dont l'internationalisme n'est qu'une expression généralisée. L'Internationale peut donc se définir encore : le recrutement, la mobilisation de toutes les forces destructives et malfaisantes de l'humanité, en d'autres termes, l'union des malfaiteurs par toute la terre.

Que dis-je? l'*union !* ce noble mot résiste à l'idée malheureuse que je tentais à tort de lui faire exprimer. Il n'y a pas union : il y a coalition ; il y a complicité. Chaque fois qu'il se produit, sur un point quelconque de l'univers, un fait révolutionnaire, c'est-à-dire, destructeur de la justice et du droit, des quatre coins de l'univers partent à l'instant les applaudissements frénétiques de la Révolution ; mais, grâce à l'Internationale, ce ne sont pas seulement des applaudissements ; c'est quelque chose de plus actif et de plus positif : c'est un secours et un concours ; c'est une protection et une direction, une organisation. Mais, encore une fois, ce n'est pas, ce ne peut pas être une véritable *union*. L'Internationale ne réunit un instant que pour mieux diviser, de même qu'elle n'édifie quelquefois que pour mieux renverser.

CHAPITRE VIII.

DE L'INDIFFÉRENCE DOMESTIQUE.

Après avoir suivi l'indifférence politique jusque dans son application la plus large, il ne reste plus qu'à la ramener à son application la moins étendue, ce qui ne veut pas dire, ainsi qu'on le verra, son application la moins importante. Après l'avoir examinée sous ses divers points de vue, par rapport à l'Etat, après l'avoir considérée par rapport à l'humanité, il importe de l'envisager en terminant par rapport à la Famille.

On s'étonnera peut-être, au premier abord, que je rattache l'indifférence domestique à l'indifférence politique, au point de ne voir, dans la première, qu'une des expressions, un des aspects de la seconde. Ce ne sera peut-être pas aussi sans quelque étonnement que l'on verra cette indifférence prendre, à côté des autres, une importance telle, que le sujet le moins vaste soit justement le plus développé. Mais les mêmes raisons qui expliquent la présence de ce chapitre en justifieront l'étendue. La Famille et l'Etat ont entre eux des rapports étroits et nombreux qu'on ne pourrait supprimer, sans supprimer, du même coup, l'Etat et la Famille. C'est aux rayons con-

vergents des foyers domestiques que le grand foyer national prend la lumière et la chaleur qu'il projette, à son
tour, sur le monde. La Famille, c'est la nation en abrégé,
la Patrie en puissance. Elle en compose la charpente et,
si on peut le dire, en forme le tissu. Si l'indifférence était
chassée de la Famillle, elle n'aurait plus de place pour
rester dans l'Etat.

L'indifférence, que nous avons vue traverser les frontières, ne s'est pas arrêtée au seuil de la Famille ; mais, y
pénétrant peu à peu, cette rouille morale en a rongé len-
tement les principes les plus fermes, les plus solides vertus. Quoi d'étonnant que le monument domestique aille
s'écroulant, tous les jours, au choc de toutes les erreurs,
au contact de tous les vices ?

Les effets désastreux de l'indifférence domestique peuvent être ramenés à quatre principaux qui résument tous
les autres : 1° Désorganisation de la Famille ; 2° Absence
du foyer ; 3° Stérilité du mariage ; 4° Défaut d'éducation.

§ Ier.

Désorganisation de la Famille.

La désorganisation de la Famille se produit d'une double
façon : on en voit chanceler, à la fois, les deux principes
fondamentaux, faiblir, en même temps, les deux forces
vitales : l'autorité et la fidélité.

I. *Relâchement de l'autorité.*

Le père ne sait plus commander; le fils ne sait plus obéir. La femme qui, comme épouse et comme mère, doit, tour à tour, participer à l'obéissance et au commandement, se révolte contre le mari et voit bientôt les enfants se révolter contre elle. La révolte existe, à tous les degrés, dans la famille moderne. Elle est générale, chronique, tolérée, presque reconnue. La Révolution, se développant à l'aise dans cette atmosphère d'indifférence qu'elle même a soulevée, gouverne la famille aussi bien que l'état. Mais je m'arrête; on ne peut plus, sans répétitions, insister là-dessus : *tout est dit* (1) sur ces vérités-là.

II. *Altération de la fidélité.*

En se détachant de l'objet légitime de son affection, le cœur est loin de rester inactif; irrésistiblement affectueux, il se porte vers d'autres objets indignes d'être aimés. Sur les ruines de l'amour, se dresse la passion. Ainsi, et c'est là une observation d'une portée tout à fait générale, l'indifférence, qui semble paralyser également toutes les

(1) Ces trois mots, qui expriment un jugement un peu sommaire sur les lettres humaines, ouvrent le premier chapitre des *caractères*, livre essentiellement substantiel et neuf dont l'apparition prouva si bien que *tout n'était pas dit.* En devenant ici moins générale, la portée de l'affirmation devient nécessairement plus sûre. V. La Bruyère, Caractères, chap. i.

forces, étouffer indistinctement tous les germes, ne paralyse, en réalité, que les forces du bien et, loin de les étouffer, développe, au contraire, tous les germes du mal. Ainsi, l'indifférence aux amours légitimes, aux unions éternelles a pour naturelle et triste conséquence le goût désordonné des affections défendues et des liaisons passagères.

Devenues habituelles, ces coupables fréquentations n'encourent plus la réprobation, ne soulèvent plus le dégoût qui devrait s'attacher à elles. Mais que parlé-je de dégoût et de réprobation? L'adultère a pris dans nos mœurs une situation considérable et ce sont plutôt les mots de prestige et d'honneur qu'il faudrait prononcer pour être, à son endroit, d'accord avec le monde.

Il est vrai que le monde est tout simplement renversé. Le ridicule et la honte, au lieu d'écraser le séducteur, tombent sur la victime. Et pourtant, dans un ménage souillé par l'adultère, le plus honteux, le plus ridicule des deux n'est pas celui qu'on pense. Je ne trouve pas, dans les annales dramatiques, de rôle plus gravement bouffon, plus sottement comique que celui de *don Juan*. Si notre siècle avait le sens droit et ferme, la gaîté franche et loyale, il partirait d'un immense éclat de rire à cette comédie galante, qui ne fait guère passer devant ses yeux que des difformités et des absurdités et dans laquelle il est bien rare que la plus belle héroïne du monde ne se termine pas en queue de poisson (1).

(1) Humano capiti cervicem pictor equinam
   Jungere si velit, et varias inducere plumas,
   Undique collatis membris, ut turpiter utrum
   Desinat in piscem mulier formosa supernè,
   Spectatum admissi, risum teneatis, amici?

   Horace, art poétique.

On n'en finirait pas à montrer toutes ces laideurs phy-
siques et morales, à faire défiler tous ces types sans grandeur et sans moralité, tous ces fripons ridicules, tous ces
don Juans doublés de *don Quichottes*, qui croient, de par
le vice, devenir des héros et dont le vice fait des sots.

A nos romanciers, soi-disant moralistes, revient la
plus large part dans cette œuvre de décomposition sociale
longuement et complaisamment poursuivie. De leurs pro-
duits amoncelés se sont dégagées peu à peu toutes ces
vapeurs malsaines, dont le temps a fait le vaste nuage
d'indifférence au sein duquel ont disparu la foi conjugale
et l'honneur domestique. Profondément indifférents eux-
mêmes à tous les principes, ils abandonnent leur imagina-
tion à tous les désordres, leur conscience à toutes les
faiblesses. Au point de vue moral, ils atténuent, excusent
et justifient le mal ; au point de vue littéraire, ils font
tous leurs efforts pour le parer et l'embellir. C'est dire
qu'à l'examiner de près, toute cette littérature romantique
et romanesque est profondément impure. La forme elle-
même, quoiqu'on en puisse dire, réflète ordinairement
l'impureté du fond. A part de rares exceptions, la décadence artistique suit de près la décadence morale.

§ 2.

Absence du foyer.

La famille n'est pas seulement désorganisée : elle est
encore désertée. La tendance à s'éloigner, à partir, à
sortir est aujourd'hui tellement accusée qu'on a senti le

besoin de créer, pour la traduire, pour l'exprimer, une expression nouvelle, le mot *absentéisme*. Le vocabulaire spécial d'une époque, — j'ai déjà eu plusieurs fois l'occasion d'en faire la remarque, — est une sorte de thermomètre qui en indique assez exactement la température morale. Le foyer domestique n'a plus assez d'attraction pour retenir auprès de lui parents et enfants. Ils ne gravitent plus autour de ce centre commun, comme des astres fidèles et n'y passent plus qu'irrégulièrement, pareils, en quelque sorte, à ces grands feux errants qui semblent traverser le ciel en signes de malheur. Le père abandonne le foyer pour aller aux *affaires;* la mère pour aller *dans le monde;* le fils pour aller dans la *grande ville.* Les vieux parents y restent seuls, graves et tristes, comme un reproche du passé.

§ 3.

Stérilité du mariage.

Nous touchons ici à un sujet bien délicat : que dis-je, délicat ! à un sujet honteux. Obligé, comme je le suis moi-même, de sonder en passant cette hideuse plaie, un auteur de nos jours, aussi solide moraliste que brillant écrivain, débute par une précaution qui répond trop bien aux sentiments de tout lecteur honnête pour que je ne la reproduise pas ici : « En abordant cette seconde phrase de la moralité ou plutôt de l'immoralité nationale, je voudrais tenir le burin de Tacite, pour peindre beaucoup de déchéances en peu de mots. Lammenais parle quelque part de certains crimes qu'il faut stigmatiser sans les nommer, semblables à ces grands coupables que l'on conduit au supplice, la tête couverte d'un voile noir. Notre époque a produit bon nombre de ses monstres. Faisons-les passer sous les yeux du lecteur avec le voile noir sur la tête, mais sans leur faire grâce du carcan... Aussi bien c'est le propre d'un tel vice de crier au scandale quand on le découvre et d'aspirer à se faire légitimer par le silence. Eh ! sans doute, nous lui devons l'indulgence quand il s'accuse; mais comment ne pas lui rappeler la vérité quand il se justifie (1) ? » Comment ne pas écarter l'ombre malsaine où le vice aime à rester caché, non certes par pudeur, mais par lâcheté, non par respect, mais bien plutôt par peur de la lumière?

Et pourtant il est des ombres qu'il vaudrait mieux, s'il était possible, ne jamais éclairer; il est des questions ténébreuses qu'il est dangereux de sonder. Telle est, plus que tout autre, celle qui nous occupe.

Un économiste célèbre (2), séduit par de trompeuses clartés, s'est imprudemment engagé dans cette route obscure. Malgré tous les jalons plantés sur le chemin, il est allé se perdre en de vastes déserts, en des solitudes profondes, sans profit pour la science et pour l'humanité. Le résultat le plus réel de son triste voyage a été d'attirer sur ses pas, vers d'inabordables rives, beaucoup d'explorateurs bien moins moraux que lui. Pour apprécier ses découvertes, il faudrait suivre ses traces : mieux vaut les éviter.

(1) Le Père Caussette, Dieu et les malheurs de la France, 1re part., § 3, Sensualisme.

(2) Malthus, Essai sur le principe de la population.

Un autre économiste (1), non moins célèbre et plus judicieux, un grand homme, je dirai presque un saint, qui couronna par le martyre une vie de science et de recueillement, ayant à juger l'œuvre accomplie, à résoudre la question soulevée par le premier, n'a trouvé rien de mieux que de conclure à un *ajournement de ces tristes débats à quelques milliers d'années*. Si l'égoïsme et l'immoralité veulent y consentir, je propose de les *ajourner indéfiniment*.

Mais non, l'égoïsme et l'immoralité sont en train de dépeupler la France : il faut bien les flétrir. La science moderne veut prendre leur défense : il faut bien lui répondre.

Puisque j'ai déjà puisé dans un beau livre, pourquoi ne continuerais-je pas à y puiser encore? Puisque je trouve, sous la main, pour d'affreuses nudités, un noble et riche vêtement, comment hésiterais-je à les en recouvrir? « Le mariage qui commence chez nous comme une société de commerce, finit par une société de plaisirs... Comme si les guerres et les épidémies ne rétablissaient pas trop bien la moyenne au chiffre des populations nombreuses, chacun la réglemente au gré de ses égoïsmes et de ses convoitises. Pendant que l'homme épuise la fécondité de la terre, il limite la sienne, afin d'avoir beaucoup à dévorer et peu à donner. De cette sorte, la paternité est le couvert d'une immoralité raffinée, une sorte d'irresponsabilité dans le libertinage, et notre époque est affligée de deux monstruosités corrélatives, la seconde servant de châtiment à la première, des parents qui s'attristent de la naissance de

____

(1) Rossi, Introduction à l'*Essai* de Malthus (Collection des économistes de M. Guillaumin).

leurs enfants et des enfants qui se réjouissent de la mort de leurs parents (1). » Suivant son excellente méthode de présenter le côté naturel et humain des questions qu'il traite, immédiatement après en avoir présenté l'aspect général et divin, l'auteur continue en ces termes, parlant du vice déjà signalé : « Ses conséquences, d'ailleurs, n'ont pas une portée simplement morale, elles sont désastreuses pour la puissance militaire d'un pays. De l'autre côté du Rhin, la population double en cinquante ans; ici à peine au bout d'un siècle. La Prusse, qui ne comptait que dix millions de sujets en 1815, en avait vingt millions en 1865. Voilà, pour un peuple, la manière la plus morale d'accroître ses forces..

J'ai choisi la supputation la plus favorable à la moralité des Français dans l'accusation que je porte contre eux, celle de dépeupler la Patrie. D'autres statistiques sur le mouvement de la population européenne, rendent un témoignage encore plus inquiétant pour l'avenir de notre force défensive. « Presque tous les Etats multiplient leur population plus rapidement que la France. Le Danemarck et la Suède la doublent en 63 ans; la Norwége et l'Espagne, en 57; la Russie, en 66; l'Angleterre, en 52; la Prusse, en 54; la Grèce, en 44; et la France?.. en 198 ans. Si cet accroissement relatif devait durer partout dans les mêmes proportions, la France n'aurait, dans 50 ans, que 47 millions d'habitants à opposer aux 67 millions que posséderait l'Allemagne prussienne. (M. Lefort, professeur à la Faculté de Médecine de Paris. *Du mouvement de la population en France*) (2). »

(1) Le Père Caussette. — Dieu et les malheurs de la France, 1re part., § 3, Sensualisme.
(2) *Ibid.*

Mais les forces militaires ne sont pas les seules qui se trouvent atteintes par la dépopulation, les seules qu'il faille préserver de cette cause d'affaiblissement. On comprend que les derniers événements survenus en Europe aient rendu cette préoccupation dominante, en effaçant partout le citoyen devant le soldat; mais il est encore une autre armée, dont il importe autant et plus encore de ne pas tarir les sources de recrutement, c'est la grande armée pacifique, l'armée des travailleurs.

A ce point de vue aussi, le mal est très-grave et le péril très-menaçant. Le manque de bras est un véritable fléau pour l'agriculture moderne. L'industrie elle-même, malgré le nombre et la perfection de ses machines, est loin de suppléer entièrement à la disette des hommes. L'insuffisance des agents producteurs, l'amoindrissement des forces laborieuses, produisent un trouble général dans le travail et dans la production. Je sais bien que le défaut de bras a des causes particulières, telles notamment que l'augmentation du bien-être, la division de la propriété, etc. ; je sais aussi qu'en général le désordre du travail et de l'activité s'explique par de hautes raisons politiques et sociales, raisons qu'il n'est pas besoin de rappeler ici; mais il n'en est pas moins certain que le ralentissement de la production humaine a contribué, pour une large part, à la rupture de l'équilibre économique.

Ne pourrait-on pas, avec quelque raison, attribuer également à la même cause cette impuissance, cette incapacité de colonisation qui caractérise aujourd'hui notre race? Coloniser, n'est-ce pas répandre sur le monde un trop-plein de grandeur, de puissance et de vie ? La France possède bien, si on peut le dire, une grande réserve d'influence toute prête à s'exercer ; mais elle manque de Français pour lui servir de *conducteurs*.

Ainsi tout ce qui a été dit plus haut de la France militaire, en ce qui concerne la dépopulation, peut s'appliquer aussi exactement à la France agricole, industrielle et commerciale.

Donc, la chose est évidente et le fait est brutal : la France est, de tous les pays de l'Europe, celui qui fournit le moins de naissances ; elle est, à ce point de vue, dans une situation particulière, exceptionnelle, *unique*.

Cette situation, grâce aux chiffres, ne pouvait être contestée ; mais restait la ressource de l'interprétation. Sur ce terrain commode, la casuistique moderne ne pouvait pas rester court. Aussi les explications favorables, les solutions optimistes n'ont-elles pas manqué. On a voulu voir, dans le ralentissement de la production humaine, non plus un signe de décadence et de faiblesse, mais, au contraire, une marque d'énergie véritable, de haute virilité, une sage dispensation de la force, une réserve prudente de la vie.

La France passait ainsi, tout à coup, de la dernière à la première place des nations de l'Europe, au point de vue de la force virile.

A ce propos, remarquons en passant, — la remarque en vaut bien la peine, — que, sur ce point, comme sur bien d'autres, l'application a précédé la règle et que les principes sont postérieurs aux faits ; ce qui prouve, une fois de plus, que l'homme se sert rarement de sa raison pour régler ses passions, mais que, le plus souvent, il s'en sert après coup pour les justifier.

Un professeur distingué de la Faculté de droit de Toulouse s'est fait, entre mille autres, l'écho de ces théories

d'un cachet tout moderne, théories qui ne manquent peut-
être ni d'esprit, ni de patriotisme, mais qui malheureusement, j'essaierai de l'établir, sont dépourvues de morale
et de vérité. Dans une leçon d'économie politique, qui est
assurément un ingénieux plaidoyer en faveur du système
que j'ai à cœur de détruire, il reconnaît d'abord le phénomène regrettable de la diminution des naissances et cite
des chiffres comparatifs qui ne diffèrent pas sensiblement
de ceux qui ont été déjà présentés. Mais il apporte des atté-
nuations, des justifications et, somme toute, après avoir
posé les mêmes prémisses, il finit par en tirer des conséquences tout opposées. Voici ces conclusions reproduites d'après
des notes très-exactes recueillies et communiquées par un
élève intelligent, par un auditeur consciencieux : « Ainsi
le nombre des naissances diminue, le nombre d'hommes
qui arrivent à l'âge où ils peuvent être utiles et rendre à
la production ce qui a été dépensé pour eux, augmente,
d'un autre côté, d'une manière des plus sensibles... En
résumé, notre situation est loin d'être aussi déplorable
que certains esprits chagrins voudraient le faire croire ;
voilà l'état de la France... » Suit une comparaison de cet
état avec celui des autres nations de l'Europe et principalement avec l'état de la Prusse, comparaison qui donne
à l'économiste toulousain les résultats suivants : « La
Prusse n'est pas une nation aussi forte que l'on voudrait
le faire croire... La Prusse est loin d'être une nation plus
forte que la France ; elle produit plus d'hommes et en
conserve moins ; cette production exagérée est donc stérile... Ainsi la période du doublement, prise isolément,
ne signifie rien ; il faut tenir compte aussi des causes qui
conservent la population et, sous ce rapport, la France

est la mieux partagée des nations de l'Europe (1). »

Presque au même moment et presque aussi dans les mêmes termes, la *Revue des Deux-Mondes,* ce journal officiel de la haute indifférence religieuse, politique et littéraire, raillait doucement les sombres pessimistes qui avaient le mauvais goût de n'être pas, sur le point qui nous occupe, aussi satisfaits qu'elle : « M. J. Stuart Mill fait précisément honneur à la France, dans son traité d'économie politique, d'avoir la sagesse d'être le peuple européen qui fournit le moins d'éléments au paupérisme; mais nous sommes aujourd'hui dans une veine d'humeur noire et nous nous imputons à crime un fait où des philosophes désintéressés, impartiaux, amis de l'humanité, voyaient un motif de nous louer (2). »

A la statistique, je répondrai tout d'abord par la statistique. Seulement, pour éviter au lecteur la fatigue des chiffres, je ne donnerai, cette fois encore, que les résultats généraux qui en sont rigoureusement déduits. Un article très-sérieux publié, l'année dernière, par un très-sérieux journal, résout négativement, au moyen d'une opération très-simple, la question de savoir *s'il n'y a pas, ainsi que n'ont cessé de l'affirmer nos économistes et nos staticiens les plus renommés, une amélioration notable et continue de la vie moyenne.* Cette première démonstration est complétée par un seconde qui, pour être plus compliquée, n'en est pas moins concluante. Par une série d'opérations ingénieusement combinées, l'auteur de l'article arrive à prévoir, en quelque sorte, mathématiquement,

(1) M. Rozy, cours d'économie politique professé à la Faculté de droit de Toulouse, leçon du 1er février 1868.

(2) De Forcade, chronique de la *Revue des Deux-Mondes,* numéro du 1er janvier 1868.

pour un avenir très-prochain, « une réduction annuelle de 145,000 à 150,000 habitants, *un million et demi par période décennale* (1). »

Dira-t-on que la statistique est une science complaisante, qui tient des chiffres au service de toutes les théories et de tous les systèmes ? Alors, aux savantes combinaisons, aux opérations compliquées, je substituerai un chiffre unique, un chiffre brutal, un chiffre officiel : « De 1866 à 1872, déduction faite des pertes territoriales éprouvées par suite de la guerre, *la population française a diminué de 366,935 habitants.* » D'après le rapport publié à l'occasion du dernier recensement général, « cette diminution a pour causes principales, indépendamment de la guerre, les cruelles épidémies varioliques qui ont sévi dans beaucoup de départements en 1870 et 1871, un certain ralentissement dans le nombre des mariages, et aussi *un excédant de décès sur les naissances.* » On remarquera ces derniers mots. Présentée comme par grâce, après toutes les autres, et sous une forme tout-à-fait anodine, cette cause est évidemment la cause principale ; elle seule a été plus active que toutes les autres causes réunies ; elle seule explique l'énorme dépopulation qui va rongeant tous les jours les forces vives de la France.

Donc, en résumé, l'augmentation de durée de la vie moyenne, cette augmentation qu'on oppose, avec tant de confiance, à la diminution du nombre des naissances, cette augmentation, en la supposant démontrée, n'est, en réalité, qu'insignifiante par rapport au mouvement général et comparatif de la population euro-

---

(1) Fayet, un théorème d'arithmétique sociale, *Univers,* numéro du 10 octobre 1872.

péenne; et la preuve, encore une fois, la preuve qui domine tous les faits et toutes les lois, toutes les théories et tous les systèmes, la preuve évidente, irrécusable, écrasante, c'est qu'en définitive la France voit diminuer le nombre de ses habitants, tandis que ceux des autres pays augmentent dans des proportions variables, proportions qui, pour certains d'entre eux, notamment pour la Prusse, sont vraiment menaçantes.

Mais nous voici de nouveau sur un terrain brûlant, que nous avons déjà touché plus d'une fois et sur lequel il faut enfin s'arrêter un instant, pour n'y plus revenir. Puisqu'on ne peut absolument s'occuper de la France sans aller, à tout instant et à tout propos, se heurter à la Prusse, entrons résolûment dans cette voie douloureuse et féconde, et qu'une comparaison, devenue fatale, devienne, en même temps, si utile, qu'au point de vue qui nous occupe, autant qu'à tous les autres, elle soit désormais toute à notre avantage. Un des termes les plus frappants de cette grande antithèse franco-prussienne, qui fixe, à un si haut degré, l'attention de l'Europe, consiste évidemment dans les situations respectives et contraires de la France et de la Prusse, en ce qui concerne le développement de la force virile. On considère volontiers ces nations ennemies comme les deux applications principales des deux systèmes opposés, à savoir l'accroissement de la population et le prolongement prétendu de la vie. Avant la dernière guerre, leur rivalité, leur hostilité, leur lutte imminente rendaient ce parallélisme à la fois très-naturel et très-intéressant. Les partisans de l'opinion soutenue dans ce livre, *les esprits chagrins en veine d'humeur noire,* signalaient, comme un péril, la multiplication énorme de la race germanique opposée à la décroissance ou, du moins, à l'immobilité de la nôtre; les tenants de l'opinion contraire, les optimistes, les satisfaits répondaient, comme on l'a vu, que *cette multiplication n'était qu'apparente, que cette production était stérile* et que la production française limitée, surveillée, réglementée, était, en définitive, plus réellement efficace. *La Prusse,* disaient-ils, *est loin d'être une nation plus forte que la France,* qui est, au contraire, au point de vue des causes conservatrices de la population, *la plus favorisée des nations de l'Europe.* Les sentiments étaient ainsi partagés et la polémique était vive, quand la lutte depuis longtemps prévue, l'effroyable guerre franco-allemande vint, tout-à-coup, trancher la question débattue d'une façon qui, pour être brutale et sanglante, n'en était que plus concluante et logique!... La France, si habile et si heureuse à restreindre le *nombre* de ses enfants, fut littéralement écrasée par le *nombre* de ses ennemis !

A ces diverses considérations qui constituent, dans leur ensemble, une *preuve mathématique* en faveur de la fécondité, il faut ajouter maintenant quelques autres preuves de différente nature.

Commençons par une *preuve historique.* Le témoignage universel du genre humain vient corroborer, sur la question qui nous occupe, le témoignage des chiffres. De tout temps, on a considéré la fécondité comme un bonheur et une gloire, la stérilité comme une honte et un malheur. L'histoire est remplie de ces idées-là. Je n'en veux citer que deux exemples entre mille, exemples célèbres, exemples décisifs. Les expressions des Livres Saints relatives à l'Annonciation de saint Jean-Baptiste prouvent que la stérilité était regardée, chez les Juifs, comme une honte (1);

la confection des *lois caducaires* prouve qu'à Rome elle
était considérée comme un malheur (2).

Terminons par deux preuves d'une portée plus générale, mais non pas moins directe. Voici d'abord une
preuve physiologique. La fécondité est une marque de santé,
de force et de jeunesse; la stérilité, un signe de maladie,
de faiblesse et de sénilité. Est-il besoin d'appuyer par des
exemples ce principe incontesté? Une souche vigoureuse
pousse de longues tiges et de nombreux rameaux. Des jets
rares et rabougris indiquent, au contraire, un tronc lan-
guissant et desséché. Il en est de même de cette souche
animée, de ce tronc vivant qui est l'homme. Heureux et
vigoureux, il revit dans une postérité tous les jours plus
nombreuse; *souffrant et malheureux*, il voit sa race dé-
crépite tomber en décadence et finir tristement. Une
famille puissante se multiplie en d'autres familles aussi
puissantes qu'elle; un peuple puissant se dilate dans des
colonies qui deviennent plus d'une fois des peuples floris-
sants. L'un et l'autre diminuent par cela seul qu'ils n'augmentent pas et déclinent par cela seul qu'ils ne grandis-
sent pas. Ainsi donc, le principe posé se vérifie d'un bout
à l'autre de la nature, de la plante jusqu'à l'homme; dans
l'homme même, il ne se vérifie pas seulement quant au

______

(1) V. saint Luc, Evangile, chap. I, v. 25.

(2) On appelle *caducaires (caducariæ)* les lois *Julia, de maritandis ordini-
bus* et *Pappia Poppæa*, votées par les Comices, sous le règne d'Auguste (an 9
dep. J.-C.), dans le but de remédier au dépérissement de la population, par l'introduction de causes nouvelles de *caducité* pour les institutions d'héritiers et les
legs, au détriment des célibataires (*cœlibes*) et des mariés sans enfants (*orbi*). On
peut citer dans le même sens et comme faisant, en quelque sorte, partie d'un
même système législatif, la loi *Julia, de Adulteriis* (an 17 av. J.-C.), qui sau-
vegardait les immeubles dotaux de la femme veuve ou divorcée, afin de lui
faciliter un nouveau mariage. (*Reipublicæ interest mulieres dotes salvas habere,
propterquas nubere possunt. Paul, Fr. 2, D. 23, 2.*)

corps ; il reçoit, en ce qui regarde l'âme, une application plus haute. Ici la preuve *physiologique* change de nature en changeant d'objet et devient plutôt une preuve *philosophique*. J'en demande bien pardon aux positivistes, — s'il en est, par hasard, au nombre de mes lecteurs, — en invoquant auprès d'eux comme excuse la force de la logique et de la vérité, force qui va de bas en haut et m'entraîne avec elle. Dans le domaine intellectuel, surtout dans le domaine moral, il n'est rien de plus grand, de plus beau, de plus précieux que la fécondité ; rien de plus coupable à la fois et de plus misérable que la stérilité. La première s'appelle *intelligence, science;* elle s'appelle *vertu*; elle s'appelle *amour*. La seconde se nomme *ignorance, paresse, stupidité, vice;* elle se nomme *indifférence.*

Eh bien, c'est cette impuissance, cette infécondité, où la civilisation, l'histoire et la nature montrent une faiblesse que l'on voudrait aujourd'hui faire passer pour une force ! Non content de nourrir cette honte, on s'en ferait une gloire ! Tandis qu'on profane et gaspille la vie, on prétendrait la régler et la perfectionner ! Vous tous qui professez une telle doctrine, n'est-ce pas, vous vous croyez habiles? Allons donc ! vous n'êtes qu'immoraux ! Encore une fois, votre lâcheté prend le masque et le nom de la prudence, et votre prétendue sagesse n'est que de *l'indifférence* (1) !

(1) Un témoignage inattendu vient confirmer, d'une manière saisissante, la thèse soutenue dans ce dernier chapitre. M. Raudot, député à l'Assemblée nationale, écrivain d'une compétence pratique indiscutable, a publié, le mois dernier, dans le *Correspondant*, une remarquable étude sur le recensement de la population française en 1872. Je prie instamment le lecteur, encore incrédule, de vouloir bien examiner de bonne foi ces calculs effrayants. En attendant, j'en donne ici la conclusion admirablement formulée par le journal *la Guyenne* : « Il serait facile de calculer mathématiquement le jour où la race française aura disparu ! »

§ 4.

Défaut d'éducation.

Il était temps de clore un trop long débat ; mais, en quittant ce triste et honteux sujet, on ne quitte pas du coup toutes les tristesses et toutes les hontes ; il en est d'autres qui en sont comme la suite et le développement.

Après avoir limité le nombre des enfants, les parents limitent aux enfants les soins et les caresses. Après avoir marchandé la vie, ils marchandent l'éducation, qui la cultive et la fait fleurir. On l'a dit tristement : les premiers sourires de l'enfant ne sont pas pour la mère. J'ajoute plus tristement peut-être : les sourires de la mère ne sont pas pour l'enfant.

Incipe, parve puer, risu cognoscere matrem (1) *!*

Ce vers attendrissant, un des sons les plus doux qu'ait rendus l'âme virgilienne, ne semble plus maintenant pour vous, ô petits enfants, frêles créatures, innocentes victimes, qu'une sanglante ironie !...

L'enfant suce rarement aujourd'hui le lait maternel. C'est là l'un des plus tristes côtés de la famille perfectionnée par la civilisation moderne. Ah ! si cette mère insouciante, qui partage aussi volontiers le noble fardeau

(1) Virgile, *Bucoliques*, Eglogue IV.

de la maternité, pouvait s'en décharger tout-à-fait et supprimer aussi les douleurs de l'enfantement !...

L'enfant, ai-je dit, suce rarement, de nos jours, le lait maternel ; il suce plus rarement encore, de la part du père, le lait fortifiant de la doctrine et de l'exemple.

Mais passons rapidement, s'il est possible, sur ce dernier désordre domestique ; assez d'autres, hélas ! viennent de retenir et d'attrister nos yeux. Quelle que soit, d'ailleurs, à ce point de vue, la grandeur du mal, il n'est pas sans remède. L'action du père, quoique plus noble et plus sublime, en un sens, que celle de la mère, est néanmoins plus susceptible de suppléance et de délégation. Le père trouvera facilement des maîtres capables et dévoués qui donneront à ses enfants ce qu'il n'a pas le pouvoir ou la volonté de leur donner lui-même. On peut ajouter qu'en règle générale la haute éducation, qui conviendrait plutôt au père, dans la distribution des rôles domestiques, n'est pas, à proprement parler, l'œuvre de la famille, surtout avec des mœurs pédagogiques où l'internat domine.

L'influence de la mère est, au contraire, tout intime et toute personnelle. L'obligation de donner l'éducation première, qui est surtout une éducation maternelle, est, de sa nature, essentiellement intransmissible. De là le crime, — oui, le véritable crime, — de la mère qui ne s'en acquitte pas ou s'en acquitte mal, crime de lèse-jeunesse, de lèse-humanité, faisant, de celle qui ose le commettre, le fléau de la Famille, le démon du foyer. De là aussi l'insistance que j'ai mise à le dénoncer et les paroles sévères dont j'ai cru devoir le flétrir.

Je me résume : La Famille est en décadence aussi bien que l'Etat ; l'esprit de Famille, ce patriotisme du foyer, va se perdant tous les jours. La Famille a le sort aujourd'hui réservé à toutes les grandes choses : elle est attaquée par ses ennemis et trahie par ses défenseurs. Les révolutionnaires l'ébranlent et les conservateurs ne la soutiennent pas ; les premiers l'outragent et les seconds ne la respectent pas ; pour les uns elle est un objet de haine et pour les autres, hélas ! un objet d'*indifférence*.

Je ne m'étonne pas des attaques de la Révolution ; plus une chose est, en elle-même, bonne et légitime, plus elle est combattue par elle. Mais ce qui m'étonne, c'est l'inexplicable neutralité, l'inconsciente hostilité des partisans de l'ordre ; ce qui m'étonne, c'est que de prétendus *conservateurs* ne *conservent* pas la Famille ; ce qui m'étonne encore plus, c'est qu'ils la déshonorent ; c'est qu'au moment où d'autres la sapent, au dehors, par le sophisme, ils la ruinent, au dedans, par l'immoralité ; ce qui m'étonne, en un mot, c'est que la grandeur, la beauté, la pureté de la Famille ne s'imposent pas à tous les esprits et plus encore à tous les cœurs !

Ce qui m'étonne aussi, — je dois le dire, — c'est d'être obligé d'en retracer ici les traits les plus saillants pour essayer d'en restaurer l'influence perdue et le culte oublié. Et cependant,—je dois le dire encore,—il me sera bien doux, après avoir si longtemps traîné le regard sur de tristes images, de le reposer en terminant sur un tableau suave.

La Famille est un foyer généreux qui projette une chaleur bienfaisante, une calme et douce lumière. On a vu bien des intelligences obscurcies et bien des cœurs glacés y retrouver le rayon perdu qui devait les rendre à la vie. La Famille est une source pure d'où jaillit et se répand, comme une onde vive et fraîche, un courant de bonheur. Beaucoup vont s'abreuver à des fleuves lointains, qui, sentant toujours augmenter leur soif, reviennent se désaltérer à la limpide fontaine qui refléta leurs fronts d'enfant. La Famille est un sommet tranquille et lumineux où l'on respire un air vivifiant et d'où l'on contemple des aspects grandioses, des horizons radieux. La Famille est une oasis charmante où le voyageur fatigué s'arrête avec délices, après avoir longtemps parcouru le désert de la vie. Les sables brûlants reçoivent bien encore l'empreinte de ses pas, mais il revient toujours aux ombrages aimés. La Famille est une forte citadelle où les croyances naïves et les tendres vertus demeurent à l'abri des plus terribles attaques et des assauts les plus furieux. La Famille est un sanctuaire pieux où se conservent de grandes traditions et de doux souvenirs, de belles espérances et d'heureuses promesses. Tout y est frais parfums, purs rayons, douces harmonies. En entrant dans ce lieu béni, on sent que le bonheur s'y cache et que Dieu n'en est pas loin.

Mais, sur ce fond si doux, se détache une figure encore plus douce, si douce que l'enfant ne peut la regarder sans lui sourire et que le vieillard attendri, qui la voit apparaître au fond de sa mémoire, retrouve encore pour elle un sourire d'enfant. C'est la figure de la mère. Pour en découvrir toute la beauté, il faut la laisser dans le groupe admirable où nous venons de la trouver. Pour bien comprendre la mère, il faut la regarder, si on peut dire, à travers la Famille, à travers cette société tout aimable que son esprit anime et que son cœur unit. La Famille est, pour la mère, le milieu où elle se dilate, le théâtre où elle triomphe, le sol où elle fleurit. Pour la Famille, la mère est capable de tous les héroïsmes; elle, d'ordinaire si délicate et si tendre, trouve pour les siens une force incalculable, une force invincible. Par une de ces délicatesses exquises dont elle seule a le secret, elle veut partager toutes leurs tristesses et ne leur fait partager que ses joies. Tout ce que la Famille éprouve de bonheur semble lui arriver par elle.

La mort même ne peut briser un charme à la fois si fort et si pur. C'est quand elle n'est plus auprès d'eux que la mère aime plus que jamais ceux qu'elle a tant aimés. Plus et mieux que jamais, elle les protége, les guide et les bénit. L'ange gardien du foyer, qui planait sur la terre, a déployé ses ailes et veille de plus haut !

Oh ! qui sondera cet abime d'affection qu'on nomme le cœur d'une mère ? Il embrasse tous les aspects du sentiment, touche à toutes les profondeurs, à toutes les hauteurs, à toutes les extrémités de l'amour. Pareil au lac tranquille et pur qui reflète ses rivages, le cœur maternel reflète toutes les vertus et toutes les grâces qui s'approchent de lui. Et de même que l'onde réfléchit, à la fois, la beauté du rivage et la splendeur du ciel, ainsi le cœur maternel semble réfléchir, — tant il est profond et pur ! — une image céleste. Ce cœur merveilleux est comme un beau miroir où les rayons concentrés des tendresses humaines rencontrent un rayon voilé des tendresses divines !

Un philosophe spiritualiste a remarqué que le scepticisme, en entrant dans la Famille, s'est arrêté devant la mère. « Je crois, dit-il, que la maternité est le seul fait moral de l'âme humaine qu'aient épargné le doute et l'ironie (1). » Hélas ! il est un autre scepticisme, moins audacieux mais plus envahisseur, qui ne s'arrête pas toujours à cette limite sacrée : c'est le scepticisme du cœur, c'est l'*indifférence*. Subtile et pénétrante, elle inonde tout, elle glace tout... Et encore il est bien rare qu'il n'existe pas quelque profondeur mystérieuse, quelque retraite oubliée où les ca-

(1) Paul Janet, *La Famille*, Dixième leçon. *Le siècle et la Famille*.

resses maternelles gardent un reste de chaleur. Lorsque tout semble froid et mort, au seul nom de la mère, une étincelle mal éteinte brille, tout à coup, sous la cendre du cœur.

Le cœur maternel est un des derniers boulevards qui soient restés debout contre l'indifférence moderne.

La fin de ce chapitre m'inspire une réflexion naturelle qui va me fournir une ingénieuse occasion de dégager l'esprit et de tirer, en quelque sorte, la morale du livre tout entier.

Pourquoi ce séduisant portrait de la mère de famille, qui contraste si fort avec l'affreuse peinture qui vient d'en être tracée quelques lignes plus haut? Comment, après avoir montré en elle le *démon du foyer*, la présenté-je maintenant sous la forme enchanteresse de l'*ange domestique*? Pour quelle cause enfin la mère occupe-t-elle, dans un livre sur l'*Indifférence*, une place aussi large?

Indépendamment des raisons tout intimes qui ont pu ramener ce sujet bien-aimé sous ma plume fidèle, j'en puis donner encore une explication plus générale. C'est que la mère, ou plutôt la femme, dont la mère n'est qu'une des expressions les plus affectueuses, c'est que la femme, dis-je, est la négation même de l'indifférence. Chez elle, l'indifférence apparente n'est que le couvert d'une disposition morale qui n'a rien de passif. Quand l'extérieur paraît le plus froid, un volcan couve d'ordinaire sous la cendre perfide; des courants dangereux s'agitent dans le fond, laissant la surface immobile et riante. On l'a dit proverbialement : *La femme est ange ou démon.*

Eh bien! c'est là précisément ce que je viens aujourd'hui demander à l'homme : qu'il cesse, lui aussi, de se montrer indifférent; qu'il soit enfin dans l'Etat ce que la femme est au foyer : qu'il soit ANGE OU DÉMON!

AU LECTEUR.

En me séparant du lecteur, je voudrais pénétrer, pour la définir, l'impression sous laquelle il demeure, au moment de la séparation. L'exposition successive des diverses indifférences qui viennent d'être passées en revue, sous le couvert de la politique, a du naturellement laisser dans son esprit, par rapport à la cause qui les produit et au remède qui peut les guérir, un sentiment d'inquiétude et de curiosité légitimes qu'il importe au moins de justifier, en attendant de le satisfaire. Toutes ces indifférences, en effet, se relient, se supposent entre elles; elles forment un vaste ensemble moral et politique, où l'on ne peut méconnaître une nature identique, et, par conséquent, une origine commune. Il doit donc y avoir encore une autre indifférence, une indifférence génératrice, première, une indifférence, en un mot, qui soit, comme je l'ai déjà fait pressentir à la fin du chapitre premier, le principe et le fond de l'indifférence politique, et, non-seulement de l'indifférence politique, mais, en général, de toute indifférence. Et cette indifférence fondamentale, il importe d'autant plus de la rechercher, qu'en découvrant ce principe de mort, on doit découvrir, en même temps, par contre-coup et par surcroît, le principe de vie.

Ce sera là, pour l'œuvre inachevée que je livre au

public, l'objet d'un dernier chapitre et d'une conclusion, seconde partie que la première appelle et comporte inévitablement, et qui, je l'espère, ne la suivra pas de trop loin, si le lecteur m'y encourage et si Dieu le permet.

Mais pourquoi ce retard? Pourquoi ce silence, même momentané? Aurais-je quelque répugnance à livrer le résultat de mes humbles recherches, et pencherais-je vers l'opinion de ce philosophe égoïste (1) qui disait indifféremment : « Si j'avais la main pleine de vérités, je me garderais bien de l'ouvrir! » A Dieu ne plaise et loin de moi cette avarice de l'âme! Toutefois, s'il est égoïste de fermer la main, lorsque l'on tient la vérité, il peut être prudent de ne l'ouvrir tout d'abord qu'à demi, de l'ouvrir peu à peu, ou plutôt d'avertir et de préparer ceux qui doivent en recevoir le contenu, avant de l'ouvrir tout entière.

Et puis encore, s'il est prudent de ne pas dire d'abord au lecteur *toute la vérité*, il semble ingénieux de l'obliger, en quelque sorte, à la trouver lui-même, ce qu'il peut faire assurément aussi bien que l'auteur; de telle sorte qu'après avoir marché vers le même but, côte à côte, ils aient le bonheur d'y arriver ensemble.

Et puis enfin, non-seulement il est quelquefois dangereux de jeter, dans le public, la vérité, sans crier gare ; non-seulement il semble ingénieux de lui donner, à la fois, le temps et la pensée de la chercher lui-même, mais, de plus, il est aujourd'hui très-urgent de provoquer, sans le moindre retard , cette grande recherche.

C'est pourquoi je n'ai pas attendu la fin de ce travail pour l'offrir au lecteur. Il est quelque chose de pire que d'être incomplet : c'est d'être inopportun.

(1) **Fontenelle.**

La vérité, d'ailleurs, il faut en convenir, n'est pas aussi difficile à trouver qu'on se le persuade et qu'on veut bien le dire ; elle est déjà entrevue, pressentie, préparée ; elle est à moitié dite. Malgré les efforts tentés pour ne pas la rencontrer de front, dans cette première partie, qui n'est qu'une pierre d'attente, elle s'est plus d'une fois imposée à ma plume, en maîtresse qu'elle est.

Plaise à Dieu qu'elle s'impose de même à l'esprit du lecteur !

TABLE DES MATIÈRES.